MANFRED SCHMIDT-BRABANT

Das Wirken von Geistwesen in der Biographie des einzelnen und in sozialen Zusammenhängen

W0175736

MANFRED SCHMIDT-BRABANT

Das Wirken von Geistwesen in der Biographie des einzelnen und in sozialen Zusammenhängen

VERLAG AM GOETHEANUM

*Bei den vorliegenden Betrachtungen handelt es sich um vom
Verlag redigierte Vortragsnachschriften, die vom 25. bis
28. März 1992 am Goetheanum während der öffentlichen
Fachtagung für Allgemeine Sozialarbeit gehalten wurden.
Herausgeber: Herbert Kretschmer.*

2. Auflage 1994

Einbandgestaltung von Gabriela de Carvalho

© Copyright 1993 by Philosophisch-Anthroposophischer
Verlag am Goetheanum, CH-4143 Dornach
Alle Rechte vorbehalten.
Satz: Utesch Satztechnik GmbH, Hamburg
Druck und Bindung: Freiburger Graphische Betriebe
ISBN 3-7235-0675-5

Inhalt

I. Das Allgemein-Menschliche der Frage*

Nachdem über viele Jahre hinweg diese Tagungen für Sozialarbeit aus Gründen stattgefunden haben, auf die wir noch kommen wollen, zeigte sich, daß für die Teilnehmer, die seit längerem dabei waren, eine Art intensiverer Vertiefung des ganzen Themas notwendig wurde.[1] Und so haben wir beschlossen, über sieben Jahre hinweg eine Vertiefung alles dessen, was menschenkundlich, biographisch und so weiter mit der Sozialarbeit zusammenhängt, vorzunehmen und dabei einem Aufbau zu folgen, der durch die menschliche Wesenheit selbst gegeben wird, unter besonderer Berücksichtigung dieser Sozialarbeit.

Nun sind wir in der Arbeitsentwicklung auf der fünften Stufe. Ich sage das für diejenigen Teilnehmer, die nicht von Anfang an dabei sein konnten, auch wenn die Tagungen so aufgebaut sind, daß man durchaus bei jeder Tagung neu hinzukommen kann. Und doch ist es wichtig, sich immer wieder, bei jeder dieser Tagungen, die einer bestimmten Stufenfolge nachgehen, über die einzelnen Schritte im klaren zu sein.

Wir haben im ersten Jahr damit begonnen, den physischen Aspekt des Menschen einmal auf das hin anzuschau-

---

* zugleich eine Einführung in die Hierarchien-Lehre

en, was überhaupt als Biographie sich darstellt, also jenes eigentümliche Netzwerk, das die menschliche Existenz umhüllt und durchzieht und auf das sich, recht verstanden, alle Sozialarbeit richtet. Wir haben vor Jahren schon das Wort «Biographie-Hilfe» geprägt, das heißt, einem Menschen, der in irgendeiner Weise mit dem in Widerspruch gerät, was veranlagt ist in Biographie und Schicksal, worin er sich entwickeln und bewähren will, zum Wiederfinden, zum Wiederergreifen seiner Biographie zu helfen.

Dann kam ein zweites Jahr, wo wir auf die großen Bausteine dieser Biographie hinblickten, wie sie durch Geburt und Tod gegeben sind, durch die wechselnden Bewußtseinszustände von Schlafen und Wachen, durch das, was zunächst physiologisch-leiblich das Atmungswesen dieser Biographie ist. Wir haben gesehen, wie Geburtsprozesse weit in das Leben hineinragen, Todesprozesse früh beginnen, und was alles damit zusammenhängt.

Dann kam ein dritter Schritt, nun in den seelischen Bereich dessen hinein, was die Biographie umgibt, die «Bausteine des Sozialen», zum Beispiel der Umgang mit Geld oder mit dem Rechtsleben. Die Biographie zeigt sich als vielfach vernetzt in einer großen, sozial strukturierten Umgebung, aus der heraus nun diejenigen Impulse kommen, die einerseits die Biographie stören, wie bei Rechtsverletzungen und so weiter, und andererseits wiederum die Biographie in sich selbst rehabilitieren können.

Und dann kam letztes Jahr der vierte Schritt mit einer zunächst vielleicht merkwürdigen Formulierung für diese Stufe, die mit der Geistigkeit, mit der Ichhaftigkeit des Menschen zusammenhängt. Es wurde der Blick auf das gerichtet, was wir die «Organologie des Menschen» nennen. Die menschliche Wesenheit charakterisiert sich ja, im Unterschied zum Tierreich oder gar zum Pflanzenreich, durch die besondere Struktur und Lage ihres gesamten Leibeswesens. Vom Gehirn über die anderen Organe hinweg zeigt sich bei einer vertieften, spirituellen Betrachtung der Ansatzpunkt für alles das, was das biographisch-karmische Wesen des Menschen ist.

Das sind schon sehr vertiefende Schritte gewesen, und für die, die neu hinzugekommen sind, gibt es vielleicht schon in diesen Formulierungen schwer zu verstehende Elemente, ausgehend etwa von Beobachtungen Rudolf Steiners, daß das Karma, das Schicksal des Menschen wie kristallisiert auf der Oberfläche der Organe ruht.[2] Das wurde dann auch durch medizinische Betrachtungen von verschiedenen Seiten her dargestellt. Man hat eben «seine» Leber, man hat «seine» Nieren, man hat «seine» Lunge. In der Feinstruktur der Organe liegt unendlich viel, was eine Basis für das Schicksalserleben, für die biographischen Tendenzen bildet, so daß wir gerade bei der Betrachtung des letzten Jahres gar nicht so sehr auf ein Medizinisches abheben wollten, obwohl das natürlich mit hineingespielt hat, sondern auf ein Allgemein-Menschliches.

Und nun sind wir bei dem fünften Schritt, der uns mit einer gewissen Notwendigkeit über diese physische Welt hinaus zur Betrachtung all dessen führt, was man geistige Wesen, Geistwesen nennt. Die erwähnte Vertiefung für den Sozialarbeiter wurde notwendig, wie sich im Laufe der vergangenen Jahrzehnte durch die verschiedenen Aktivitäten auf diesem Gebiet zeigte und was dann vor über zehn Jahren zur Begründung dieser Abteilung innerhalb der Sozialwissenschaftlichen Sektion führte.[3] Die Sozialarbeit selbst begann im Laufe dieses Jahrhunderts nach und nach, an einer inneren Lähmung zu leiden, die bis heute nicht überwunden ist. Natürlich kann man die Sache so aufgreifen, wie sie gestern abend im Cabaret[4] aufgegriffen worden ist, und von den «hilflosen Helfern» sprechen. Johannes Denger, der selber aus diesem Bereich kommt, weiß, wie wahr das Wort vom «hilflosen Helfer» ist, vom selbst «hilfs- und sozial-pflegebedürftigen Sozialarbeiter». Als diese Arbeit vor vielen Jahren begann, unter anderem mit Schulungskursen für fünfzig bis siebzig Teilnehmer, da ging es auch um die Frage: Was muß ein Mensch an Übungen, an Vertiefungen, an Erkraftungen bekommen, damit er heute überhaupt noch den Beruf des Sozialarbeiters ausüben kann? Denn damals, vor vielleicht fünfzehn Jahren, begann sich für diejenigen Freunde, die in der Sozialarbeit wach und erlebend standen, vollends abzuzeichnen, was sich schon durch das ganze Jahrhundert hindurch vorbereitet hatte, daß nämlich Sozialarbeit mit alten, gemüthaften, karitativ orientierten Kräften nicht mehr zu leisten ist.

Das ist eine Merkwürdigkeit, denn die Sozialarbeit ist eigentlich ein neuer Beruf des zwanzigsten Jahrhunderts. Ich möchte hier nochmals auf das kleine Büchlein mit den Beiträgen von Raoul Guyaz und Herbert Kretschmer verweisen mit einem Beitrag unter dem Titel «Sozialarbeit, ein neuer Beruf».[5] Man kann ja unschwer im Historischen zeigen, wie diese Sozialarbeit – der Fürsorgerberuf, wie man früher sagte – Ende des vorigen Jahrhunderts begonnen hat und dann in dieses Jahrhundert hinein sich ausgestaltet – einer der neuesten Berufe der Menschheit überhaupt und zugleich noch mit alten Kräften versehen, die nach und nach versiegen.

Es ist eines der größten Probleme, heute in allen Sozial-berufen qualifizierten Nachwuchs zu finden. Da ist die Generation der heute Vierzig- bis Sechzigjährigen, die noch mit der vollen Frische des Helfenwollens, des Einsatzes, im Sozialpädagogischen, im Sozialtherapeutischen, in der Sozialarbeit selber, in ihren Beruf hineingegangen ist. Bereits diese Generation erlebte nach Jahren und Jahrzehnten der Tätigkeit eine gewisse Frustration durch das, was man Erfolglosigkeit, innere Erfolglosigkeit dieser Arbeit nennen könnte.

So entstanden gerade bei den Älteren die Fragen. Was brauchen wir denn für die Sozialarbeit, wenn wir sie als einen neuen Beruf verstehen? Wir brauchen ein vertieftes Welt- und Menschenverständnis! Die Freunde meinten, das sei in der Anthroposophie gegeben. Es zeigte sich, daß diese Menschen der Meinung sein mußten: Man kann Sozialarbeit heute nicht leisten, ohne in gewisser Weise einen spezifizierten Schulungsweg zu gehen, Übungen und Meditationen zu machen, aus denen die Kraft quillt, tagsüber mit den ja immer schwieriger werdenden Klienten zurecht-zukommen. Das ist die eine Seite.

Die zweite Seite zeigte sich aber viel verheerender. Immer weniger Menschen finden sich, die aus der alten, nai-ven, gemüthaften Begeisterung heraus in die Hilfeleistung dem Menschen gegenüber einsteigen wollen oder die, wenn sie es wollen, es dann auch können. Und das ist ganz verständlich. Wir sprechen innerhalb der anthroposophi-schen Anschauung davon, daß in der ganzen Evolution zunächst mit Kräften gearbeitet wurde, die aus der Vergan-genheit kamen, mit Gaben der Evolution, Geschenken der Götter. Das hat ja weit gereicht. Durch das Mittelalter hindurch bis in das vergangene Jahrhundert hinein lebte in den Menschen noch ein naiver, instinktiver Opferwille, anderen zu helfen. Aber mit dem Beginn des zwanzigsten Jahrhunderts, hervorgerufen einerseits durch die Autonomie des Bewußtseins selbst, die immer mit einem gewissen Egoismus verbunden ist, hervorgerufen andererseits durch die nun sich auswirkenden materialistischen Anschauungen vom Menschen und der Welt, begann eine Phase, wo diese mitgebrachten Kräfte anfingen abzubröckeln und zu versiegen. In dieser Phase stehen wir heute noch. Ich besuche bei den Reisen, die meine Tätigkeit mit sich bringt, sehr viel die sozialpädagogischen Einrichtungen, die heilpädagogischen Heime, die Camphill-Dörfer und so weiter, und da spürt man überall, über die ganze Welt hin, wie auf der einen Seite der erste, große Strom, der noch für die Begründung eines neuen Berufes da war, versiegt, und wie nun auf der anderen Seite – ich führe das alles nochmals aus, um auf die innere Begründung solcher Arbeitszusammenkünfte wie dieser hinzuweisen – die Notwendigkeit entsteht und dadurch auch das Bedürfnis, in der Erkenntnis wieder in jene Regionen aufzusteigen, aus denen man gemüthaft in der Menschheitsentwicklung zunächst heruntergekommen ist. Das ist der Grund, weshalb wir uns einem Gebiet zuwenden, von dem man früher mit einem gewissen Recht gesagt hätte, das ist doch der Zuständigkeitsbereich der Religion!

Durch Jahrtausende hindurch hat die Menschheit sich in ihren vielfältigen Religionen auf geistige Wesen bezogen, Götter genannt, Naturgeister, Dämonen. Ja, je weiter man zurückgeht, je intensiver man betrachtet und durchdringt, was damals die Menschen in ihrer Geistigkeit als religiöses

Leben bestimmte, um so verwunderter muß man vor der unendlich differenzierten Fülle der Anschauungen stehen.

Heute, im Zeitalter, wo alles in das Gedruckte hineinfließt, können wir beliebig dicke Bände über die Götter der verschiedenen Religionen kaufen und können, darin blätternd, staunend Tausende und Abertausende von Götternamen finden, seien es nun Götter der alten Pruzzen oder Chinesen oder schamanische Gottheiten, der Hochreligionen oder niedrigen Religionen, Gottheiten, von denen wir nie gehört haben.

Nun kann man, wenn aus dem gegenwärtigen Zeitempfinden heraus, das ja wirklich nicht das beste ist, eine solche Situation beurteilt, sagen: Ja nun, die Leute waren eben abergläubisch. Die haben sich alles mögliche zurecht gedichtet, nicht nur große Götter, einen «lieben Gott» mit Untergöttern, sondern auch Baumgötter, Flußgötter und Berggötter, Dämonen der Nacht und so weiter; das ist eben die unwissende, abergläubische Bewußtseinssituation des Altertums, der alten Zeiten; wir, Gott sei Dank, sind aufgeklärt und wissen, daß es das alles gar nicht gibt.

Die Anthroposophie ist da anderer Meinung. Und so gibt es die zwei Urthesen, die in der von Rudolf Steiner geschaffenen Anthroposophie vorliegen und die lauten: Es gibt neben dieser physischen Welt eine geistige Welt mit geistigen Wesenheiten, und es gibt im Menschen Fähigkeiten, diese Welt so sicher und genau zu erkennen, wie man die physische Welt erkennt.[6] Das sind die beiden Ursäulen, auf denen die Anthroposophie, aber auch die Arbeit ruht, die aus der Anthroposophie heraus in vielen Bereichen wie Pädagogik, Medizin, Landwirtschaft und eben in der Sozialarbeit geleistet wird.

Von einem solchen Gesichtspunkt aus blickt man auf die Götterfülle Hunderter von Religionen nicht verachtend, spöttisch oder herablassend, sondern man schaut so hin, daß man sagt: Da ist in jenen alten Zeiten aus unterschiedlichen Kulturansätzen heraus, und daher unterschiedlich in der Vorstellungsgestaltung, der Sprachformulierung und so weiter, hineingeschaut worden in eine Welt, die es damals gab und heute wirklich und wahrhaftig gibt. Und man bekommt ein anderes Gefühl, man mokiert sich nicht darüber, daß so viele unterschiedliche Götter gesehen wurden, sondern man ist eher berührt von der kulturellen Vielgestaltigkeit, die es dem Menschen ermöglichte, ein und dasselbe geistige Wesen immer wieder von anderen Gesichtspunkten her zu erfassen.

Es gibt Engel. Wir sprechen vom Engel des Menschen, das ist unsere abendländische Formulierung. In asiatischen Kulturen, in Naturreligionen und so weiter wird sehr wohl dieses selbe Wesen gesehen, aber ganz anders beschrieben und bezeichnet. Die unsinnliche, übersinnliche Erfahrung schlägt sich in der Mentalität der Kultur, der Sprache, der Rasse und so weiter jeweils unterschiedlich nieder.

Schaut man sich diese Welt an, die ja bis in die Gegenwart hineinreicht, denn natürlich stehen unendlich viele Menschen noch im religiösen Erleben und sind aus ihm heraus in unterschiedlicher Weise mit geistigen Wesen verbunden, so sieht man, daß da drei Elemente hineinspielen, die auch für unsere Betrachtung notwendig werden. Ein Urelement aller alten religiösen Erfahrung war, daß man aus einer Kosmogenesis heraus sich selbst und die ganze Welt als aus diesen Götterreichen abstammend empfand. Da war von vornherein eine vielleicht instinktive, aber doch selbstverständliche Anschauung, daß alles, was als Welt und Menschheit entstanden ist, aus einer Götterwelt entsprungen ist. Der Mensch und die Welt entstammen den Göttern. Gott oder die Götterwelt hat Mensch und Erde geschaffen.

Es gibt, wie gesagt, heute, im Zeitalter des unendlichen Druckens, viele, viele Bände, die die Kosmogonien der alten Völker zusammenfassen, vergleichende, religionswissenschaftliche Betrachtungen, wie da überall, wenn auch in unterschiedlicher Sprache, dieses Bild aufgebaut wurde und wie dann ebenfalls in allen Religionen sich ein zweites Bild herausgestaltete, daß diese Götterwelt nun verbunden ist und weiterhin sein wird mit dem, was als Erde und Mensch vorhanden ist. Da entstanden die Anschauungen, daß die Götter nicht nur die Erde geschaffen haben, sondern auch in dem von ihnen Geschaffenen wohnen – als Flußgötter, Naturgötter, Volksgötter, Gestirnsgötter. Geht man noch weiter zurück, bis nach Griechenland etwa, dann ist es dort so, daß die Naturerscheinungen selbst als Götter verehrt wurden. Die Sonne war Helios, der in Wirklichkeit mit seinem Wagen über den Himmel zog. Als die unmittelbare Wahrnehmung geistiger Wesenheiten in der Natur mit der zunehmenden Emanzipation des Menschen schwand, blieben doch bis weit in das Mittelalter, ja bis in das neunzehnte Jahrhundert hinein die Empfindungen: Die Götter wirken um mich, und sie wirken in mir.

Aus diesen beiden Empfindungen, dem kosmogonischen Anschauen, dem Anschauen der Götterwirksamkeit, entstand das dritte Element. Die Menschen empfanden: Mein Glück und Unglück, mein Heil und Unheil hängen davon ab, daß ich mich in richtiger Weise zu dieser Götterwirksamkeit verhalte. So entstanden die Religionen mit ihren Religionsübungen. Wenn man nicht eine materialistische Betrachtungsweise der Geschichte, sondern eine spirituell-anthroposophische anwendet, dann muß man sich sagen, für diese Menschen damals war der rechte Umgang mit dieser Welt der Geistwesen eine beinahe ebenso technisch-sachliche Angelegenheit wie unser Umgang mit der physischen Welt.

Schon das kleine Kind lernt bei uns im Haushalt von seinen Eltern, daß es nicht ratsam ist, mit zwei Fingern in die Steckdose hineinzufahren, was sich ja auch für den Erwachsenen bewährt als sachlicher Umgang mit dieser Welt. Der Mensch alter Zeiten hatte dieselbe sachliche Empfindung, wenn er sagte: Ich muß mich bestimmten Dämonen gegenüber so und so verhalten, sonst schädigen sie mich. Wie ein Mensch selbstverständlich weiß, wenn er Durst hat, daß ein Schluck Wasser diesen Durst stillt, so wußte der Mensch damals, daß gewisse Bedürfnisse der Seele durch das Gebet oder durch die Teilnahme an einem irgendwie gearteten Ritual beruhigt und gestillt werden. Wir sehen in der alten Welt in den sogenannten Religionsübungen, in den Inhalten der Religionsausübung ritueller oder gemüt-, gebetshafter Art einen sachgemäßen Umgang mit Geistwesen, der dazu dienen sollte, daß der Mensch in einer für ihn heilsam-richtigen Weise in das Netz der Götterwirksamkeit integriert bleibt oder wieder wird.

Damals gab es aus dieser Anschauung heraus auch den Bezug zu Geistwesen in Bereichen, die wir heute Sozialarbeit nennen. Wenn wir mit vollem Recht davon sprechen, daß der Sozialarbeiter ein neuer Beruf des zwanzigsten Jahrhunderts ist, dann deshalb, weil sich erst in das zwanzigste Jahrhundert hinein die individuelle und individuell autonome Biographie ausgestaltet hat. Erst vom neunzehnten und in das zwanzigste Jahrhundert hinein entsteht die aus dem Gruppenseelenhaften, dem Stammesmäßigen, dem Landsmannschaftlichen, dem Beruflichen und so weiter sich herauslösende, autonome, auch einsame, isolierte Biographie des einzelnen Menschen. Und deshalb wurde es erst in diesem zwanzigsten Jahrhundert notwendig, einen Beruf zu schaffen, der sich langsam die Fähigkeit erwirbt, Schäden oder Unregelmäßigkeiten einer solchen individuellen Biographie helfend auszugleichen. In alten Zeiten war der Mensch absolut gruppenhaft bestimmt. Aber in der alten Zeit traten all die Schäden auch auf, die heute in der individuellen Biographie manifest werden: Kriminalität, irgendwelche Formen des Verstoßes gegen die allgemeinen Gesellschaftsregeln, Krankheiten aller Art, von physischen bis zu psychischen, wirtschaftliche Zusammenbrüche, Armut, Hungersnot und so weiter. Man denke nur an den armen Hiob, der in der Asche sitzt und seine Geschwüre kratzt. Diese Bilder bestimmten natürlich weitgehend die alte Welt, nur man dachte nicht daran, sie individuell zu regulieren. Es gibt einen außerordentlich interessanten Vortrag Rudolf Steiners über Heilfaktoren im sozialen Organismus, in dem er sagt: Einem Menschen der alten Mysterienzeit, einem Helfer, einem Arzt oder Priester, wäre es ganz und gar unpassend erschienen, dem Einzelmenschen von seiner Krankheit zu sprechen.[7]

Versuchen wir für einen Moment, diese andere Stimmung zu erahnen. Wir sagen heute selbstverständlich: «Na, wir geht es denn Ihrem Schnupfen?» – «Ich habe wieder ‹meine› Migräne.» Wir haben sogar eine gewisse

Art, die Krankheit mit dem anderen zu identifizieren, zum Beispiel: «Was macht denn Ihr Ischias heute, bei diesem Wetter?» Rudolf Steiner sagt: Das wäre in der damaligen Zeit absolut taktlos gewesen. Und wir haben noch eine kleine Erinnerung daran, denn man spricht einen Menschen nicht auf seine Gebrechen an, man sagt doch nicht: «Ach, haben Sie aber einen schönen Buckel.» Da haben wir noch das Gefühl, man redet nicht darüber, es ist taktlos, dem zu sagen, daß er einen Buckel hat.

Statt dessen lebte in der alten Zeit ein ganz anderes Empfinden, daß nämlich jedwede Krankheit, die am Individuum auftritt, durch einen Fehler in der Gesamtstruktur ausgelöst ist. So entwickelt Rudolf Steiner einen sehr interessanten Begriff, von dem er sagt, den brauchen wir für unsere heutige Zeit wieder, den Begriff der «sozialen Medizin». Das ist ja in den letzten Jahrzehnten auch wieder in der modernen Anschauung aufgetaucht: Die Menschen werden krank durch die Verhältnisse, durch die Art unseres Wirtschaftslebens, durch den Verkehr und krank, nicht nur im stofflichen Sinne, durch die Umweltverseuchung. Durch die Struktur unserer Gesellschaft werden zum Teil – nicht nur – die Menschen krank.

Das war in den alten Zeiten eine durchgehende Anschauung. Und wenn ein Mensch straffällig wurde, wie wir heute sagen, dann wurde er zwar in der Regel sehr rigoros bestraft, denn die Gesetze waren ja von den Göttern, er hatte ja gegen die Götter verstoßen, aber die Ursachen für seine Straffälligkeit suchte man auf einer ganz anderen Ebene. Davon hat sich ein allerletzter Rest nicht mehr in dieses Jahrhundert, aber noch in das vorige Jahrhundert hinein erhalten. Wenn damals ein Beamter in einem Ministerium der Korruption überführt wurde, dann mußte der Minister zurücktreten. Heute kann der Minister der Korruption überführt werden, ohne zurücktreten zu müssen. Das ist in unserem Jahrhundert anders geworden, aber bis in das vorige Jahrhundert hinein hielt sich noch die Empfindung: Wenn in einem bestimmten Sozialbereich ein Bruch auftritt, muß der Verantwortliche für diesen Sozialbereich die Konsequenzen ziehen. Das ist Rest einer alten Mysterienanschauung. In diesen alten Mysterien waren ja der einzelne und seine Individualität nicht so wichtig. Daß er bestraft oder in der Regel ausgemerzt, getötet wurde, war eine Sache für sich: man lebte mit der Anschauung, daß sein übersinnliches Wesen ohnehin weiterlebt. Wichtiger war, den Blick darauf zu richten, wo das herkam, wo die Fehler lagen. Aus der Verbundenheit mit den Göttern heraus fragte man: Womit haben wir die Götter verletzt? Womit müssen wir die Götter wieder zufriedenstellen? Wo haben wir aus Unachtsamkeit zugelassen, daß Dämonen in den sozialen Bereich eingebrochen sind?

Und so war in der damaligen Zeit, obwohl noch keine individuelle Biographie im heutigen Sinne vorlag, Sozialarbeit eine Götterangelegenheit. Man wandte sich an die Götter, besänftigte sie, rief sie zur Hilfe auf, erduldete die Schicksalsschläge, die sie austeilten. Es ist vielleicht ein großer Sprung für die Empfindung, wenn man sagt: Wir müssen die Sozialarbeit auf neue und moderne Weise wieder an das Götterverständnis der alten Zeit anschließen. Nicht daß wir etwas aus alten Verfahrensweisen nachahmen, aber wir müssen wieder wie in jenen alten Zeiten ein Verständnis dafür gewinnen, daß geistige Wesen unterschiedlicher Art in der Biographie des Menschen wirksam sind, ja bis in seine Physis hinein, im sozialen Leben um diese Biographie herum, in den Naturzusammenhängen, die den Menschen umgeben. Wir knüpfen dabei an eine Götter- und Engelanschauung an, die im Abendlande konstituierend geworden ist. Sie geht auf *Dionysios den Areopagiten*[8] zurück. Die allgemeine Literatur sagt, daß er Ende des vierten, Anfang des fünften Jahrhunderts nach Christus gelebt haben muß, man kann ihn nicht genau identifizieren, und damals die Bücher geschrieben hat, die die Anschauung ganz Europas und des ganzen Abendlandes über geistige Wesen bis heute, bis in die Anthroposophie hinein, konstituiert haben. Man sagt, man weiß nicht genau, wer er ist; denn Dionysios der Areopagite wird in der Apostelgeschichte des Neuen Testamentes als ein Schüler des *Paulus* in Athen genannt. Da nun aber die klugen Philologen in der Lage sind, nachzuweisen, daß diese Schrift sprachlich und so weiter aus dem Ende des vierten, Anfang des fünften Jahrhunderts stammt, kommt man zu der Auffassung, das kann ja nicht der Paulusschüler gewesen sein. Also spricht man von dem *Pseudo*-Dionysios dem Areopagiten. Nach der Anschauung Rudolf Steiners handelt es sich aber bei dieser Lehre wirklich um dasjenige, was ursprünglich von jenem Schüler des Paulus in Athen ausgegangen ist, dem wirklichen Dionysios dem Areopagiten; nur ist es zunächst über Jahrhunderte mündlich tradiert worden, um dann in einer späteren Zeit mit all den Eigenheiten der späteren Zeit aufgezeichnet zu werden.

Sowohl die Gestalt des Paulus als auch die Gestalt des Dionysios des Areopagiten gelten in der spirituell-historischen Anschauung als das, was wir bedeutende Eingeweihte nennen, Menschen mit einem großen Schauungsvermögen geistiger Tatbestände. Und so geht auf diesen Dionysios eine systematische Schilderung der Geistwesenswelt zurück, wie sie sich vor allen Dingen für die europäische Mentalität ergibt. Und das ist nun jene Reihenfolge, die mit einer ungeheueren Wirksamkeit das ganze Mittelalter, das ganze europäische Werden durch zweitausend Jahre hindurch bestimmt hat, daß nämlich die Engelwelten sich in drei große hierarchische Bereiche gliedern, in denen jeweils drei Wesensgruppen, auch wieder hierarchisch gestuft, wirksam sind; und wie alles, was uns umgibt, alles Naturhafte, alles, vom Kosmischen bis in das Irdische, in das Substantielle hinein, bis in das Seelische des Menschen, bis in sein Biographisches, von diesen Geistwesen durchdrungen und gestaltet wird, unbeschadet der darin sich entwickelnden Freiheit des Menschen.

Wir werden diese Hierarchien in den kommenden Betrachtungen genauer anschauen und wollen sie hier nur mit den bekannten Namen nennen. Da gibt es eine unterste, dritte Hierarchie, man kann sie sich vorstellen wie über den Menschen stehend. Das ist auch heute noch die klassische Anschauung etwa der katholischen Kirche, auch der evangelischen, falls sie sich überhaupt auf solche spirituellen Betrachtungen einläßt, daß diese Hierarchien oberhalb des Menschen stehen, und daß wir da in der zunächst über uns stehenden Hierarchie, an uns angrenzend, die *Engel* finden. Engel stehen eine Stufe höher als der Mensch. Die Engel waren einmal Menschen wie wir, und auch der Mensch wird im Verlaufe seiner Evolution aufsteigen und in einer späteren Entwicklungsphase die Qualität des Engels annehmen.

Dann finden wir über diesen Engeln die sogenannten *Erzengel*; das sind nun schon weiter wirkende Wesenheiten, die zum Beispiel Völker regieren, Sprachgruppen lenken, die also für größere Gemeinschaften wirksam sind. Und darüber steht eine nächste Gruppe, die *Archai* oder Urbeginne, Geistwesen, die ganze Kulturepochen leiten und bestimmen.

So schauen wir bei dieser unteren Gliederung (siehe Schema) auf drei Engelkategorien, die ganz und gar in dem wirksam sind, was den Menschen gestaltet, die, wie wir sehen werden, gerade für die Sozialarbeit eine immense Bedeutung haben, weil sie tief in alles biographische Geschehen hineinwirken – und ich eine Biographie überhaupt nicht verstehen kann, wenn ich sie nicht von der inneren Strukturierung durch diese Geistwesenheiten her beginne anzuschauen, so wie ich natürlich einen Menschen physisch nicht verstehe, wenn ich ihn nur äußerlich anschaue und nicht zur Kenntnis nehmen will, welche Gefäßsysteme und welche prozessualen Abläufe ihn innerlich bestimmen.

1. Hierarchie	2. Hierarchie	3. Hierarchie	Mensch
Seraphim	Kyriotetes	Archai	
Cherubim	Dynamis	Archangeloi	
Throne	Exusiai	Angeloi	

Darüber kommen zwei weitere Gruppen von Hierarchien, eine zweite und eine erste Hierarchie. Es sind die klassischen Bezeichnungen, die aus dem Anfang der christlichen Geschichte stammen.

In der zweiten Hierarchie finden sich Wesenheiten, die nicht mehr mit dem menschlichen Seelenleben, der Kultur und so weiter zu tun haben, sondern die in die Formenerscheinungen des Weltenalls eingreifen, die überall wirksam sind, wo Formenwelt erscheint, von den Planeten herunter bis in die Kristallgestaltungen: Geister der Form, *Exusiai*. Darüber stehen Wesenheiten, die in allem wirksam sind, was Bewegung ist, Planetenumläufe, Bewegungen bis hinein in die Natur, den Jahreskreislauf: Geister der Bewegung, *Dynamis*. Ich benutze hier Formulierungen, die sich aus guten Gründen in der Anthroposophie gehalten haben; denn wir Anthroposophen wissen sehr wohl, daß es altphilologisch richtig «Dynameis» heißen müßte. Aber aus Gründen, die damit zusammenhängen, daß Vokale und Konsonanten spirituelle Bedeutung haben, sagen wir Dynamis.

Eine Gruppe von Wesen – über den Exusiai und den Dynamis – hat man immer mit der weisheitsvollen Einrichtung der Welt verbunden: *Kyriotetes*, Geister der Weisheit. Daß das Weltenall weisheitsvoll gegliedert ist, daß diese Weisheit sich bis etwa in den wunderbaren Bau des Oberschenkelknochens hineinerstreckt, also in die Weisheit der Leibesgestaltung, das rührt von diesen Götterwesenheiten her. Wir sind nun wirklich im Bereich dessen, was man früher die Götterwelt nannte.

Die erste Hierarchie, deren Namen manchen vertrauter sein werden, umfaßt sehr, sehr hohe Wesen: *Throne, Cherubim* und *Seraphim*. Von ihnen geht aus, was überhaupt Substanz in der Welt ist. Substanz geht nicht von der zweiten Hierarchie aus, da werden Formen gegeben, da entsteht Bewegung, da wird weisheitsvoll gegliedert. Daß der Kosmos überhaupt Substanz hat – physische Substanz, ätherische Substanz, astralische Substanz, Geistsubstanz –, geht von dieser obersten Hierarchie aus – Throne, Cherubim, Seraphim. Und in der christlichen Anschauung steht über dieser Gliederung der Hierarchien die Gottheit selbst, die Trinität. Man kann aus einer christlich-esoterischen Anschauung heraus auch sagen, vermittelnd zwischen der Gottheit – Vater, Sohn und Heiliger Geist – und dem Menschen als Geschöpf dieser Trinität stehen die Hierarchien.

Aufgrund einer solchen Anschauung, und ich beziehe mich dabei auch auf die Erträgnisse von zweitausend Jahren christlicher Religionsphilosophie, hat man dann oft davon gesprochen, daß die geistigen Wesenheiten die Baumeister der Gottheit sind, daß die Gottheit – Vater, Sohn und Heiliger Geist – weit den Kosmos überspannt. Was aus ihrem Willen hervorgeht – und immer hat man gesagt, die Seraphime empfangen als erste den Willen der Gottheit –, das geben sie vermittelnd herunter. Das Mitschöpfen am Menschen, das Gestalten des Menschen, das Begleiten des Menschen ist eine Angelegenheit dieser Engelhierarchien.

Wir können uns nun fragen: Was bedeutet, wenn das wirklich so ist, eine solche Anschauung für jegliche Sozialarbeit? Rudolf Steiner hat 1924 darauf hingewiesen: Jeglichem Schicksal eines Menschen kann man sich in Wirklichkeit nur mit Ehrfurcht nähern, denn alles «Schicksal... ist... Götterangelegenheit»[9].

Wir haben in früheren Zusammenkünften[10] immer gesagt: In ein Schicksal hineinzupfuschen ohne genaue Kenntnis, das ist so, wie wenn ich einen Menschen mit einem rostigen Taschenmesser operieren will und versuche, den Blinddarm hinterm Ohr zu finden. Furchtbare Schäden kann man anrichten! Ich habe gerade aus der Praxis eines sehr alten, verdienten anthroposophischen Arztes vernommen, daß die Leute heulend, bis in die Tiefen zerstört, in die Sprechstunden aus solchen biographischen Beratungen und Kursen heraus kommen. Es ist so furchtbar leicht, Biographiekurse zu machen und einem Menschen zu erzählen, wie es um sein Leben steht, und sich keine Rechenschaft darüber zu geben, was man dadurch vielleicht anrichtet. Wir haben hier deshalb immer gesagt: Biographiehilfe in der Sozialarbeit muß mindestens so verantwortlich ausgeübt werden wie Gehirnchirurgie oder etwas Ähnliches: nur aufgrund gründlichster Kenntnis und Ausbildung am zu behandelnden Tatbestand und nur unter Aneignung aller Fähigkeiten – man kann noch so gut das Gehirn kennen, wenn die Hand zittert, kann man nicht operieren –, die notwendig sind, um wirklich aufgrund einer wahren Kenntnis der menschlichen Biographie helfen zu können.

Schauen wir zunächst auf zwei Abarten, die allem Betrachten geistiger Wesenheiten mit Notwendigkeit als Fehlbetrachtungen zugrunde liegen. In Berlin habe ich früher über zwanzig Jahre hinweg eine Art anthroposophischer Abendausbildung durchgeführt und stieß dabei regelmäßig auf eine bestimmte Erfahrung, daß man nämlich heute vor einem Menschenkreis, der frisch an die Anthroposophie herankommt, zunächst über vieles sprechen kann – wie übersinnliche Wesensglieder der Menschen, über den Ätherleib, den Astralleib und die eigentliche Individualität, das Ich –, dann, daß der Mensch von Naturreichen umgeben ist, die ebenso gegliedert sind – eine Ätherwelt dort draußen, eine astralische Welt –, daß die Tiere kein Ich haben und die Pflanzen keine Seele, und dann kann man sogar so weit gehen und sagen: Und diese Individualität des Menschen geht durch verschiedene Erdenleben hindurch – und man erlebt, die Zuhörerschaft sitzt da und ist ganz vergnügt: Warum soll es nicht wiederholte Erdenleben geben? Doch dann kommt ein Schritt, der plötzlich einen großen Protest auslöst, wenn man sagt: Nun gibt es auch geistige Wesen und Engel. Es ist eine Urerfahrung, die viele machen, plötzlich tritt eine Blockade ein. Da ist eine ganz seltsame Struktur des menschlichen Bewußtseins, und bei einer solchen Betrachtung müssen wir darauf von vornherein achten. Der moderne Mensch neigt, wenn er sich auf solche geistigen Wesen einläßt, zu zwei ganz verständlichen Entartungen.

Die eine ist vielleicht die unschuldigste, aber sie ist auch sehr folgenschwer. Er stellt sich die geistigen Wesenheiten anthropomorph vor, nämlich dem Menschen ähnlich. Er denkt sich also, daß ein Engel aussieht wie ein schöner, edler Mensch im weißen Kleid. Geschlechtlich ist das immer ein bißchen unbestimmt, sind die Engel nun weiblich oder männlich? Bei den Teufeln weiß man, daß sie weiblich und männlich sind, aber bei den Engeln nicht. So ein Neutrum, das ist ja ganz fromm gedacht, braucht kein Geschlecht, es hat einen grünen Zweig und Flügel, die Erzengel vielleicht ein bißchen größere Flügel. Das alles kommt natürlich durch den Materialismus, der sich als künstlerischer Realismus langsam in die bildlichen Darstellungen eingeschlichen hat.

Wenn wir dagegen mittelalterliche gotische Malerei etwa betrachten, so sehen wir diese geistigen Wesen sehr menschenunähnlich dargestellt – vielfach gekreuzte Flügel, Augenpaare, Flügel mit Augen, die Cherubim als rollende Räder mit Augen. Da war noch lange Zeit eine Empfindung vorhanden, daß diese Wesen zwar irgend etwas Menschenähnliches haben, das meistens durch Augen und Gesicht ausgedrückt wurde, aber doch eigentlich ganz anders sind. Und erst indem in der Entwicklung zum Beispiel der Malerei, die sehr ausschlaggebend wurde, immer mehr der Realismus einzog – schon vom Barock an, wo dann die kleinen Engelchen mit ihren dicken roten Backen oben, Posaune blasend, sich herumtummelten, bis hin zu den ganz kitschig werdenden Gestalten des neunzehnten Jahrhunderts –, schlich sich in die Empfindung der Menschen, die das nicht bemerkten, eben jenes anthropomorphosierende Element ein: Die sehen so aus wie wir; der liebe Gott mit einem langen, weißen Bart wie ein gütiger Großvater.

Das ist die eine Abweichung. Die Engel sind Geist, und der Geist hat nichts Sinnliches an sich. Wir müssen wieder, und das tun wir in der Anthroposophie, zu einer wirklichkeitsgemäßen inneren Empfindungsvorstellung dessen kommen, was solche geistigen Wesen sind. Diese erste Entgleisung ist unschuldig; man kann sich den Engel immer noch ein bißchen menschenähnlich vorstellen. Rudolf Steiner sagt einmal: Das macht nichts. Die Bilder korrigieren sich, wenn man sich nur innerlich auf die Wirklichkeit bezieht.

Viel schwerwiegender ist die andere Abweichung, die dem modernen Menschen sehr viel näher liegt, diese geistigen Wesenheiten nämlich wie eine Art abstrakter allgemeiner Kräfte zu sehen. Die Erzengel hatten – wie erwähnt – in der spirituellen Auffassung immer einen Zuständigkeitsbereich im Volk. Sie sind diejenigen, die man Volksgeister nennt. Nun findet man heute in der Literatur – gerade jetzt im werdenden Europa wird ja sehr viel über Völker und über Volksgeister gesprochen und geschrieben

–, daß man natürlich unter Volksgeist etwas Abstraktes versteht. Man meint schon den Geist der Franzosen, den französischen Volksgeist, den italienischen Volksgeist und so weiter, aber kein Mensch denkt dabei an Wesenheiten, sondern man denkt sich das irgendwie als unbestimmte Kräfte wirksam, im Seelischen sich ausbreitend. Und das ist die zweite Entartung, in die die heutigen Vorstellungen von geistigen Wesenheiten kommen können, daß man sie sich nun ganz im Gegensatz zur Verbildlichung abstrakt vorstellt.

Wir müssen versuchen, wenn wir auf die Wirklichkeit kommen wollen, eine innere Mitte zu finden, die darin besteht zu sagen: Sie sind nicht menschenähnlich. Den Menschen gibt es nur auf der Erde. Den physischen Leib mit Gliedmaßen gibt es nur auf der Erde. Die geistigen Wesen, schon vom Engel ab, sind nicht menschenähnlich, aber sie sind auch nicht abstrakte Kräfte. Wir kommen zu der Notwendigkeit, eine innere Empfindungsvorstellung, eine Vorstellung eines nicht sinnlich sichtbaren, nicht sinnlich vorstellbaren Wesens zu bilden – und jetzt kommt etwas Entscheidendes –, das *wie eine Kraft wirkt, aber vollkommen selbstbewußt ist.*

Aus der obersten Hierarchie kommen – wie gesagt – Substanzen, Prinzipien, die die Welt zusammenhalten, aus der Qualität der ersten Hierarchie. Man schaue auf so etwas wie die Schwerkraft. Jeder weiß, daß es die Schwerkraft gibt, man kann sie messen und physikalisch berechnen. Und jetzt denke man sich: Die Schwerkraft ist ein Wesen, das sich seiner selbst bewußt ist.

Der Weg, den wir hier gehen müssen, ist nicht leicht. Intellektuell ist das selbstverständlich zu verstehen, aber es muß auch empfindungsmäßig, lebensmäßig erfaßt werden.

Man ist geneigt, sich den Engel, wenn man ihn für möglich hält, wie ein schützendes Wesen vorzustellen, das schutzengelähnlich neben einem steht – allerdings sind gerade die Darstellungen vom Schutzengel aus dem neunzehnten Jahrhundert schon sehr kitschig –, so ein Wesen, das einen behütet, vielleicht von unbestimmter menschlicher Gestalt. Und dann erfährt man, für den Engel ist unsere ganze Biographie wie der Leib. Der Engel ist nicht mehr an den Raum gebunden, nicht einmal an die Zeit. Er umgreift unseren ganzen Lebenslauf als die ihm sachgemäße Leiblichkeit, in der er lebt.

Es macht nichts, sich zwischendurch auch immer wieder Verbildlichungen vorzustellen, man muß nur wissen, daß sie Brücken, Hilfen sind, um in das eigentliche Verstehen hineinzukommen.

Nach dieser ersten Einführung in die Hierarchienlehre können wir eine entscheidende Frage stellen. Was bedeutet es für den Menschen, sich selbst oder den Klienten, dem man helfen will, eine wirkliche, wirklichkeitsgemäße Beziehung zu geistigen Wesen zu entwickeln? Zuerst geht es um den Sozialarbeiter, weil der Klient in der Regel anfangs gar nicht in der Lage ist, sich eigene Anschauungen zu bilden oder in Überlegungen einzusteigen. Darüber sollte auch in den Kursen[11] gesprochen werden, an der Frage haben wir früher immer wieder gearbeitet: Wie weit kann man als anthroposophischer Sozialarbeiter den Klienten in ein Verständnis geistiger Wesenheiten einführen?

Zunächst gilt es für den Sozialarbeiter selbst, sich über das, was wir jetzt entwickeln, im klaren zu sein, und zwar von folgendem Gesichtspunkt aus. Alles dreht sich bei der

Sozialarbeit um die Individualität. Der ganze Begriff der Biographiehilfe steht und fällt damit, daß ich das Ich des Menschen, die Individualität, anerkenne. Keinem Tier gegenüber kann ich Sozialarbeit leisten, auch nicht dem gelehrtesten Elefanten kann ich Biographiehilfe angedeihen lassen. Ich kann den Elefanten pflegen und füttern, er kann im Zirkus auftreten, ebenso das Pferd und so weiter. Ich kann einen Affen hinausschicken in den Weltraum, aber ich kann einem Tier gegenüber keine Sozialarbeit leisten, denn Sozialarbeit verlangt als Partner ein irgendwie geartetes, ansprechbares Ich.

Hier kann ein großes Problem entstehen. Was ist mit nichtmündigen Menschen? Was ist mit Menschen, die dieses ansprechbare, partnerschaftliche Ich nicht mehr haben? Wir haben immer gesagt, da muß selbstverständlich auch Hilfe geleistet werden; aber sie ist jetzt ganz anderer Art. Wo es herübergeht etwa in schwere psychiatrische Fälle, liegt nicht mehr das vor, was wir mit der Sozialarbeit als Biographiehilfe meinen. Man braucht die Individualität des anderen. Aber wo ist diese? Kann ich das als Sozialarbeiter so ohne weiteres sagen? Da ist zwar mein Klient mit diesen und jenen biographischen Einbrüchen, Straffälligkeit, Prostitution oder Drogensucht, Familienelend, aber wo ist die Individualität? Und der Sozialarbeiter, der bescheiden und ehrlich ist, wird sich fragen: Wo ist denn die Individualität bei mir?

Er stößt da auf ein Problem, das ein wirklich esoterisches, ein Schulungsproblem ist, daß nämlich der Mensch sich der Welt gegenübergestellt sieht, der Natur, dem Himmel, und sich sagen muß: Da überall ist nicht Individualität, ist nicht das, was ich suche, was ich meine, wenn ich von meinem Ich spreche. Bäume, Flüsse, Tiere und Gräser haben kein Ich. Der Natur gegenüber stehe ich so, daß ich zu dem Ergebnis komme: Die Natur ist eigentlich unmenschlich, und das, was mich als Mensch auszeichnet, finde ich nicht in der Natur.

Dann stellt der Mensch sich anderen Menschen gegenüber und sagt: Aber andere Menschen sind doch da. Und nun tritt jenes eigentümliche Phänomen auf, mit dem sich das zwanzigste Jahrhundert in vielfältigen Philosophien herumschlagen mußte, daß nämlich der Mensch sagt: Ja, der andere hat vielleicht ein Ich, aber der andere ist ganz anders als ich, ich finde nichts Vergleichbares, im Gegenteil, indem der andere mir gegenübertritt und sein Eigenwesen geltend macht, drängt er mich, mein Eigenwesen zurück. Das war der bedeutendste Kern der Existenzphilosophie *Sartres*, der gerade aus den Erschütterungen des Krieges heraus in seiner berühmten Formulierung zu der Anschauung kam: Der andere, indem er mir gegenübertritt, *nichtet* mich; nicht vernichtet mich, er *nichtet* mich; das ist die korrekte Übersetzung aus dem Französischen.[12] Er löscht mich aus, er tritt mit seinem Eigenwesen auf.

Rudolf Steiner spricht in Darstellungen über das Sozialverhalten der Menschen davon, «daß wenn Mensch dem Menschen gegenübersteht, der eine Mensch immer einzuschläfern bemüht ist, und der andere Mensch sich immerfort aufrecht erhalten will».[13]

Der Mensch muß sich sagen, und das ist ein tiefes Erlebnis des gegenwärtigen Menschen: Wenn ich mein Ich suche, wenn ich etwas meinem Ich Adäquates finden will, finde ich es zunächst nicht beim anderen Menschen; denn beim anderen Menschen erlebe ich zunächst nur den Leib und alles das, was durch den Leib bestimmt ist, seine charakterlichen, emotionellen, völkischen, rassischen Eigenschaften, alles mögliche, einen weiblichen, einen männlichen Menschen, aber ich erlebe kein Ich! Das ist das große Problem aller sozialen Verständigung der Gegenwart: Wie finden denn die Iche zueinander, die Individualitäten?

Wir kommen da in sehr komplexe Lebensbereiche hinein, weil manche Erscheinungen der Gegenwart, gut verständlich, gut motiviert, dennoch auf gefährliche Wege führen, zum Beispiel alles, was mit einem übertriebenen Feminismus zusammenhängt. Denn da wird nur auf die Leiblichkeit abgehoben, nicht auf das Ich. Vom Gesichtspunkt der Individualität, der geistigen Wesen gibt es keinen Maskulinismus und keinen Feminismus. Es gibt individuelle Menschenwesen, die sich an einem Wirkensort in die Welt hineinstellen, und dazu schlüpfen sie in einen weiblichen Leib, in einen schwarzen, afrikanischen Leib und so weiter.

Und so entsteht innerhalb des modernen Existenzerlebens, das war es, was Sartre und andere wollten – leider ist die Existenzphilosophie mit ihren großen Erreichnissen auch der Gedankenkraft wieder abgesunken –, die Suche nach einem Weg, wo sich der Mensch als Mensch findet, unbeschadet aller Leibeseinkleidung. Die Antwort, die dann nicht in der Philosophie gefunden wurde – die Tragik der modernen Philosophie ist immer die, daß sie den letzten Schritt in das Spirituelle hinein nicht wagt oder nicht tut, von seltenen Ausnahmen abgesehen –, ist die Zuwendung zum geistigen Wesen, zu den geistigen Wesen der Welt, denn die stehen sowohl oberhalb der Natur wie auch oberhalb der menschlichen Leibesspezifikation. Erst indem der Mensch sich dieser Welt und ihrer Wirksamkeit erkennend zuwendet, findet er in sich selbst das individuelle Wesen – und jetzt auch im anderen, weil er durch die Art, sich auf geistige Wesenheiten einzulassen, gelernt hat, was überhaupt ein Geistwesen ist, das heißt, was er selber seiner höheren Natur nach ist. Wir sind nicht Deutscher, wir sind nicht Mann und Frau, wir sind nicht Leute des zwanzigsten Jahrhunderts – das sind alles momentane Arbeitsgebiete. Unsere Individualität, die sich in der Biographie ausleben will, die sich durch die Biographie von Leben zu Leben entwickelt, ist den Göttern gleich.

Man muß bei einer solchen Betrachtung immer wieder hin- und herpendeln zwischen urreligiösen Aussagen und vielleicht ganz nüchternen Anschauungen. Und dann taucht eben auf, daß der Christus zu den Menschen sagt: «*Ihr seid Götter.*»[14] Ihr seid den Göttern gleich. Ihr seid nicht eure Leibesumhüllungen, ihr seid nicht das Physische. Ihr seid, so könnte man dieses Christuswort auch auslegen, geistige Wesen. Und nur in dem Maße, in dem ihr euch als geistige Wesen begreift, werdet ihr euch als Menschen verstehen.

Wenn wir wieder mit einer sozialen Medizin, mit einer sozialen Therapie aller Fehlentscheidungen anfangen wollen, dann bedeutet das, daß wir versuchen müssen, in die sozialen Strukturen – die mikrosozialen, mesosozialen, makrosozialen Strukturen – Ichgemäßes einzupflanzen. Wir können das nicht, wenn wir nicht wissen, was das Ich wirklich ist.

Schauen wir auf die mikrosoziale Struktur, wie sie bei der Einzelbiographie oder in dem Biographienverband einer Familie vorliegt: Wie will man helfen? Was ist ichgemäß? Wir werden dann ja auch die Frage von Gut und Böse und guten und bösen Wesen zu behandeln haben; denn es gibt nicht nur Engel. Wer daran noch nicht gedacht hat, möge nicht erschrecken, es gibt leider auch Teufel. Die sind genauso wirksam in der Biographie, und mancher Sozialarbeiter kann ein Lied davon singen. Wie will ich helfend eingreifen, wenn ich mich vielleicht dauernd auf Leibesprinzipien berufe, wenn ich irgend etwas tue, was Hüllennatur ist, wenn ich nach Kriterien der Hüllennatur und nicht nach den Kriterien der Individualität handele? Wie will ich die sozialen Verhältnisse im großen verbessern, in den Volksstrukturen, im sozialen Organismus, wenn ich sie nicht hinorientiere auf die Individualität? Aber wie kann ich das, wenn ich nicht weiß, was die Individualität ist, und dann nur von allgemeinem Wohlstand fasele, von Rechtssicherheit und allen möglichen Dingen, die nicht ein Jahr lang tragfähig sind?

Schauen wir auf den mesosozialen Bereich, der für den Sozialarbeiter ja oft noch viel ausschlaggebender ist – der Beruf des Klienten, sein Arbeitsplatz, sein Wohnzusammenhang. Wie will man diesen Zusammenhang regulieren und verstehen? Wie will man der Individualität eines Klienten helfen, wenn man nicht weiß, welche Geistwesenheiten zum Beispiel in seinem Beruf wirksam sind? Das sind bei einem Stahlarbeiter natürlich andere als beim Omnibusschaffner. Die Welt ist von geistigen Wesen durchdrungen, und man muß bei diesen Betrachtungen natürlich immer alles miteinander verbinden. Die Welt ist an jedem Arbeitsplatz, in jeder Wohnung, in jeder Stadt geistwesendurchdrungen, unterschiedlich und differenziert. Nur indem ich dahin komme, ein Verständnis zu entwickeln, *wie* der

Klient in seiner Entwicklung zu geistigen Wesen steht, fange ich an, ein Verständnis dafür zu gewinnen, wie ich ihm helfen kann.

Viele kennen aus der Praxis ein Bild, das für diesen Bereich der Sozialarbeit bereits wie ein Test oder wie ein Ausgangskriterium ist. In der Biographiehilfe hat sich sehr oft gezeigt, daß bestimmte Dinge zunächst unklar bleiben im Betrachten, im Erleben dessen, was vorliegt, bis man zu einem bestimmten Punkt kommt, an dem man nämlich den Klienten nach seinem Verhältnis zu ganz bestimmten Toten seiner Familie fragt. Und hier muß man einen kleinen Einschub machen. Das Geistwesen des Menschen tritt besonders deutlich hervor, wenn die Leibeshüllen abgefallen sind. Denn der Verstorbene ist nicht mehr Mann oder Frau, ist nicht mehr Deutscher oder Afrikaner, ist nicht mehr schwarz oder weiß, er ist die Individualität. Und nun zeigt sich sehr oft – viel häufiger, als man meint, weil man dem nicht immer nachgeht –, daß Klienten merkwürdige, ihnen unbewußt bleibende oder ins Unterbewußte abgedrängte Beziehungen zu Verstorbenen haben. Da ist die tote Großmutter, da ist ein Onkel, zu dem der Klient als Kind irgendein Verhältnis hatte. Und im Gespräch, das der Sozialarbeiter führt – wir haben 1985 eine ganze Tagung[15] nur darüber gehabt, daß das Hauptarbeitsinstrument des Sozialarbeiters das Gespräch ist –, taucht, wenn es richtig geführt wird, plötzlich bei dem Klienten die erste echte Wesensbeziehung auf. Er spricht plötzlich davon, daß er von der verstorbenen Großmutter träumt, daß er manchmal das Gefühl hat, die verstorbene Mutter steht neben ihm und sagt etwas. Nur wenn der Sozialarbeiter vernagelt ist, dann hört er diese Dinge nie. Aber wenn er offen ist, wenn er ein offenes Herz hat, wenn er weiß, daß solche Dinge wahrscheinlich sind, beginnen plötzlich Klienten aus einer Tiefenschicht zu reden, die sonst nie zur Erscheinung kommt, weil sie in der gegenwärtigen Zivilisation keine Rolle spielt. Der Sozialarbeiter aber, der da zum ersten Mal einen konkreten Faden hat, wie die Individualität seines Klienten auf einen Wesensbezug reagiert, kann darauf aufbauen, zunächst für sein eigenes Verständnis: Wie steht der Klient zu seinem Engel? Wie steht er überhaupt zu anderen geistigen Wirkenskräften? Wie steht er geistig zu Gegenmächten, die sich geltend machen?

Die Biographie eines Menschen auf ihre Wesensbeziehungen hin anzuschauen, auf die Wesensbeziehungen des Klienten zu anderen geistigen Wesen, bedeutet, daß man überhaupt erst den Boden betritt, von dem aus eine sinnvolle und weitreichend wirksame biographische Hilfe möglich ist.

II. Die Wesenheiten im Zusammenhang mit der individuellen Biographie

Bei Betrachtungen dieser Art, die mit einer gewissen Unmittelbarkeit in das Esoterische hineinführen, ist es gut, sich immer wieder mehrere Vorbedingungen solcher Darstellungen in das Gedächtnis zu rufen oder sich neu damit zu befreunden.

Das erste, was sich gerade auch aus dem gestrigen Abend[1] heraus ergeben hat, ist, daß die anthroposophische Geisteswissenschaft sich nicht irgendwelchen anderen Richtungen gegenüberstellt, weder im therapeutischen noch im weltanschaulichen, noch im religiösen Bereich. Diese anthroposophische Geisteswissenschaft möchte so verstanden werden, wie auf einem anderen Gebiete die Naturwissenschaft, in der erforschbare Tatsachen aufgezeigt, bekanntgegeben werden und allen zur Verfügung stehen, die sich nun in Freiheit auf diese Tatsachen einlassen wollen. So geht die Naturwissenschaft, insofern sie nicht theoriebildend auftritt, sondern wirklich das ist, was die Tatsachenwelt erfaßbar macht, durch alle Weltanschauungen und Religionen hindurch. Die Gesetzmäßigkeit, durch die bei einem katholischen Bischof sein Auto vorwärtsbewegt wird, ist dieselbe, durch die ein Mullah fährt. Es spielt keine Rolle, aus welcher Richtung ein Mensch kommt, ein Atheist benutzt dieselben Gesetze des Brückenbaues wie ein Heiliger. Die Naturwissenschaft beschreibt die allgemein-menschlich erfaßbaren Tatbestände, wie sie sich von seiten der physischen Erfahrung ergeben.

Genauso möchte sich die anthroposophische Geisteswissenschaft in das allgemeine Bewußtseinsleben der Menschheit hineinstellen. Sie macht aufmerksam auf die Erfaßbarkeit nun nicht physisch-sinnlicher Tatsachen, sondern eben übersinnlicher, geistig-spiritueller Tatsachen. Sie zeigt die Erfahrungswege auf, sie beschreibt jeweils die Tatsachenzusammenhänge und stellt die Erträgnisse der ganzen Menschheit zur Verfügung. Sie ist in diesem Falle absolut selbstlos, unbegrenzt, unsektiererisch, nicht abgeschnitten von irgendeinem Bereich.

Wenn man vor dreißig oder vor fünfzig Jahren so gesprochen hätte, hätte das wie ein Programm anmuten können. Heute hat es sich längst bestätigt, daß Menschen in den verschiedensten Anschauungsbereichen des Religiösen, des Weltanschaulichen, des Kulturellen auf Rudolf Steiner und auf die anthroposophische Geisteswissenschaft als auf etwas Objektives zurückgreifen, was sie in ihren eigenen Bereichen in der Durchdringung dessen weiterführt, was religiös oder kulturell vorliegt.

Ich könnte viele Beispiele von meinen Reisen geben, wie in ganz anderen Kulturen und Religionen – des Asiatischen, Buddhistischen, Schintoistischen –, wie in ganz anderen Weltanschauungsrichtungen, etwa der westlichen Welt, in Amerika oder Südamerika, und in ganz anders entstandenen Therapierichtungen psychologischer oder auch allgemein-medizinischer Art Rudolf Steiner konsultiert und zitiert wird, wie man einen Naturwissenschaftler zitiert. Es gibt heute Hunderte und Aberhunderte von

Werken in der Welt, in denen in irgendeiner Passage steht: Rudolf Steiner sieht die Sache so und so an, beschreibt und erklärt sie so und so. Das bestätigt, daß der Anspruch der Anthroposophie in bezug auf die allgemeingültige Objektivität nach und nach von denen, die sich überhaupt auf eine Betrachtungsweise spirituell-geistiger Tatsachenzusammenhänge einlassen wollen, anerkannt wird. Für den blanken Materialisten und Atheisten, der gar kein Bedürfnis hat, sich auf eine andere Tatsachenwelt als auf die physische zu richten, ist das natürlich nicht der Fall.

So haben wir heute die Eigentümlichkeit, daß oft sehr hohe Wissens- oder Würdenträger großer Religionen, Leiter großer weltanschaulicher Bewegungen, prominente Leute im Vertreten bestimmter therapeutischer Richtungen Mitglieder der Anthroposophischen Gesellschaft sind, weil sie das Gefühl haben, man kann dieser Gesellschaft angehören – und das ist der zweite Punkt, den man bei einer solchen Betrachtung mit großem Nachdruck einführen muß –, weil man nicht sich zu irgendeinem Glaubensinhalt bekennen muß, sondern weil die Zugehörigkeit zu dieser Gesellschaft ebenso objektiv allgemein ist wie die Zugehörigkeit etwa zu einer mathematischen Gesellschaft. Man ist Mitglied, um teilzunehmen an bestimmten Forschungszusammenhängen, Darstellungszusammenhängen und so weiter.

Alles, was gesagt wird, würde vollkommen mißverstanden werden, wenn man es mit nur einem Hauche des Anspruchs hören würde, daß die Dinge geglaubt oder angenommen werden sollen. Es wird etwas dargestellt, was sich innerhalb der Anthroposophie als Forschungsresultat gezeigt hat. Was der einzelne damit macht, ob er es für Unsinn hält, ob er dadurch angeregt wird, anderes, weiteres zu denken, das ist seine Sache. So steht Anthroposophie in der ganzen Welt den unterschiedlichsten Bewußtseinsstrukturen gegenüber, und so sollte, nach der Meinung Rudolf Steiners, jeder Vortragende seiner Zuhörerschaft gegenüberstehen, daß auch der leiseste Versuch, sie zu irgend etwas zu bewegen, als illegitim empfunden werden muß, wenn es eine anthroposophische Darstellung sein soll. Wir dürfen, so wird es einmal gesagt, als Darsteller der Anthroposophie niemals weitergehen als bis zum Darstellen von Tatbeständen, danach richten soll sich ein jeder Mensch aus seiner Freiheit heraus.[2] Das ist ein gewaltiger Hinweis für jede Sozialarbeit.

Aus dem Vorangehenden ergibt sich als drittes: Man kommt in das Verständnis von Zusammenhängen, wie wir sie hier in vertiefender Art darstellen, eigentlich nur herein, wenn man eine gewisse Haltung der Unbefangenheit hat, wenn man sich sagt: Gut, ich höre mir das an, so skurril, absurd und abwegig es mich vielleicht berührt, weil ich gar nicht gewöhnt bin, in solchen Richtungen zu denken; ich bin ja völlig frei, den Dingen dann, weiterdenkend, nachzugehen oder nach solchen Darstellungen zu sagen: Schade um die Zeit, es war alles Unsinn. Unbefangenheit ist eines der Haupterfordernisse zum Verständnis spirituell-okkulter Zusammenhänge.[3]

Und so schauen wir auf das Bild jenes Zusammenhanges, nach dem sich ja im wesentlichen die ganze therapeutische und soziale Hilfe richtet: die Biographie des Menschen. Wir wollen sie uns durch ein Schema verdeutlichen, (siehe Abb. Seite 45) das immer wieder sehr hilfreich sein kann.

Wir müssen auf das Leben des Menschen schauen, zunächst ganz abstrakt, und sagen: Es verläuft von der Geburt bis zum Tode. Und wir finden den Menschen, um den es sich handelt, sei es uns selbst, sei es den Klienten, an irgendeiner Stelle dieses Weges. Er steht da irgendwo in einem bestimmten Zeitabschnitt mit alledem, was seine Raumeskonfiguration ist, und schreitet langsam durch die Zeit. So sind wir hier alle anwesend innerhalb der Dreidimensionalität der Körperwelt mit unserer physischen Leiblichkeit und bewegen uns langsam vorwärts, von 10 Uhr hin nach 11 Uhr und weiter bis zur Mittagszeit. Wir gehen mit der fließenden Zeit.

Nun ist die erste große Hürde, die innerhalb des anthroposophischen Verständnisses zu überwinden ist, dadurch gegeben, daß diese Raumesanschauung des Menschen nur ein Teil ist, daß bereits ein nächster Schritt im Verstehen darüber hinausführt, indem man auf die Tatsache hinblickt, daß der Mensch in einer wirklichen Zeitenströmung darinnensteht, die auf ihre Art genauso viel Realität besitzt wie die Raumeswelt, die unabhängig von dieser Raumeswelt angeschaut werden kann und muß, wenn man für sie Verständnis entwickeln soll. Strömende Zeit umgibt unser Leben, das Leben anderer Menschen, wir stehen in dieser strömenden Zeit. Eine genauere Betrachtung der menschlichen Wesenheit zeigt, daß der Mensch in dieser allgemein strömenden Zeit mit einer in sich konfigurierten Leiblichkeit steht, die wir den Zeitenleib des Menschen nennen, den Leib der Lebensbildekräfte, oder mit einem älteren Ausdruck, der nicht mißverstanden werden sollte, den Ätherleib des Menschen. Was am Menschen ein nächsthöheres Wesensglied ist, ist nicht raumorientiert, sondern zeitorientiert. Unser physischer Leib ist in die Dreidimensionalität hineingestellt, folgt den Gesetzen der Körperwelt – wo ein Körper ist, kann kein anderer sein –, orientiert sich in den Gliedmaßen, im Sichaufrichten nach links, rechts, vorn, hinten, oben, unten. Nicht so dasjenige am Menschen, was Träger nicht nur aller seiner Lebenskräfte ist, sondern auch höherer Elemente.

Dieser Ätherleib des Menschen hat auch, wie der physische Leib, eine Begrenzung. Er ist begrenzt durch die Geburt approximativ, und er endet mit dem Tod. Jeder Mensch hat in seinem Ätherleib eine bestimmte Zeitausdehnung, genau gesprochen reicht der Ätherleib bis zu einem gewissen Zeitenaugenblick. Der Tod des Menschen liegt, von der Struktur des Ätherleibes her gesehen, fest. Eindrücke unterschiedlicher Art, Schicksal unterschiedlicher Art, das aus größeren Zusammenhängen kommt, können die Lebenslänge vorzeitig beenden. Aber von der Kraft, von der Struktur, vom Bau her hat der Ätherleib eine ganz bestimmte Zeitenausdehnung von der Zeit der Geburt bis siebzig, achtzig, neunzig Jahre und weiter, bis zur Zeit des Todes.

Dieser Ätherleib ist nicht irgendein nebuloses Strömen, er ist in sich – das ist das erste große Grundaxiom aller wirklich esoterischen Biographik – ebenso sinnvoll aufeinander bezogen, strukturiert und gegliedert, wie der physische Leib in seinen Organen und so weiter sinnvoll strukturiert und gegliedert ist. Herz, Lunge, Leber, Gehirngefäße, Muskeln, alles verhält sich sinnvoll bezogen aufeinander als Ergebnis einer urlangen Evolution. Ebenso ist der Ätherleib in seinen Zeitproportionen sinnvoll gegliedert, so daß Elemente der Jugend sinnvoll mit Elementen des

Alters zusammenhängen, daß sich Rhythmen, wie zum Beispiel die Sieben-Jahres-Rhythmen, die sich innerhalb dieses Ätherleibes strukturierend bemerkbar machen, im Laufe des Lebens widerspiegeln (siehe Abbildung 1).

Indem wir uns mit unserer physischen Existenz, mit unserer physischen Leiblichkeit, gleichsam durch den Zeitenleib hindurch bewegen, bewegen wir uns durch ein strukturiertes, innerlich sinnvoll Verbundenes hindurch, durch einen Organismus höherer Art.

Praktisch sind diese Tatsachen vielen bekannt, die vor allen Dingen phänomenologisch an die Biographiehilfe herangegangen sind, weil es ja Binsenwahrheiten sind, daß bestimmte Dinge, die in der Jugend im Bereich des Ätherischen veranlagt werden, im Alter wieder auftauchen, Fehler oder gute Elemente der Erziehung im ersten, zweiten, dritten Jahrsiebent später zu bestimmten Erträgnissen werden, jeweils auf der Ebene des Ätherischen.

Nun wäre der Mensch, würde er nur aus physischem Leib und aus Ätherleib bestehen, eine Pflanze. Es kommt unser ganzes Seelisches hinzu, unsere Seelenleiblichkeit, wie wir sagen. Der Mensch hat eine Seele und auch einen Träger dieser Seele. Wir nennen ihn den Seelenleib oder mit einem alten Ausdruck den Astralleib. Und der hat wieder eine völlig andere Gesetzmäßigkeit. Der hat eine Gesetzmäßigkeit, mit der wir bereits an der inneren Grundlegung biographischer und schicksalsmäßiger Vorkommnisse sind. Der Astralleib des Menschen steht oberhalb von Raum und Zeit. In seiner Ganzheit wirkt er in jedem Zeitenaugenblick auf alles ein. Dieser Astralleib, das Seelenvermögen des Menschen, begleitet gleichsam ununterbrochen in seiner Ganzheit das Hindurchgehen der physischen Leiblichkeit, an der sich die Existenz des Menschen erlebt, durch den Organismus der biographisch gegliederten Zeit.

Mit alledem ist verbunden, was uns eigentlich als Menschen ausmacht: die Individualität, das Ich, die Geistigkeit. Einen physischen Leib, einen Ätherleib, einen Astralleib hat auch das Tier, und es liegen beim Tier ganz ähnliche Bedingungen vor.

Wenn wir einen Löwenkörper sehen, ist ein gegliederter Astralleib da, der sich in den einfachen Funktionen der Tierleiblichkeit und des Tierlebens äußert, und ein Seelisches allgemeiner Art, ein Gruppenseelenhaftes ist darüber und greift unentwegt von der Löwengeburt bis zum Löwentode aus dieser Gesamtheit ein. Aber der Löwe hat kein Ich, er hat kein Selbstbewußtsein, er hat nur ein extrovertiertes Bewußtsein seiner ihm gemäßen Welt. Er ist programmiert – wir wollen, wenn wir noch einmal auf das Neurolinguistische Programmieren eingehen[4], diesen Begriff aufgreifen. Das Tier ist fest programmiert. Und so kann der Löwe nicht willentlich irgendeine Änderung seines Wesens vornehmen, er kann nicht von außen geändert werden. Ihm kann auch nicht von außen geholfen werden, ein besserer, weniger Schafe fressender, frömmerer Löwe zu werden. Nur Franz von Assisi konnte das bei dem Wolf. Aber die Legende hat nicht erklärt, wovon der Wolf dann gelebt hat, nachdem Franz von Assisi ihm das Töten ausgeredet hat; von Kohl vielleicht, ich weiß es nicht. Aber es ist ja auch eine Legende.

Der Mensch ist nicht programmiert, sondern er hat ein Ichbewußtsein – hier hereinleuchtend (siehe Abb. Seite 45). – und ist sich dieses ganzen Tatbestandes mehr oder

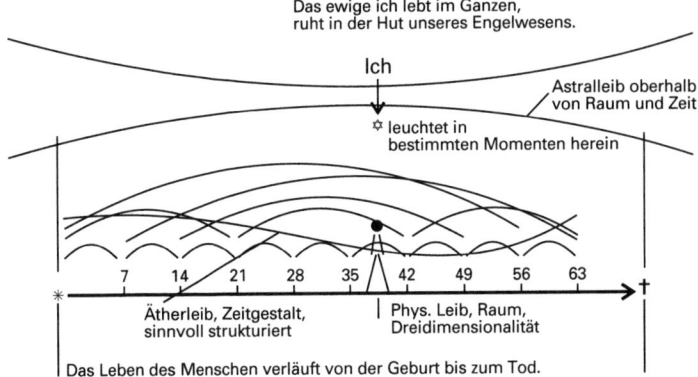

Das ewige ich lebt im Ganzen, ruht in der Hut unseres Engelwesens.

Ich

Astralleib oberhalb von Raum und Zeit

☼ leuchtet in bestimmten Momenten herein

7   14   21   28   35   42   49   56   63

Ätherleib, Zeitgestalt, sinnvoll strukturiert

Phys. Leib, Raum, Dreidimensionalität

Das Leben des Menschen verläuft von der Geburt bis zum Tod.

weniger bewußt. Nun tritt natürlich die Frage auf: Wenn der Mensch in seinem Ich ein höheres, ein höchstes Element hat, warum übergreift dieses höchste Element nicht das Ganze, warum ist er nicht hier in diesem Bereich zu Hause?

Das, was wir als Einschlag in unserer physischen Leiblichkeit erleben, ist nur der Abglanz unserer wirklichen Individualität.

Was beinhaltet das schon alles! Allein über diesen Tatbestand kann man ja ganze Jahre innerhalb einer vertiefenden Psychologie, einer vertiefenden Sozialarbeit arbeiten. Was aufleuchtet im Menschen, ist ein Abbild dessen, was seine wirkliche Individualität ist, und diese wirkliche Individualität lebt in dem Ganzen wie in der ihr sachgemäßen, sachadäquaten, angemessenen Leiblichkeit.

Der Mensch stellt sich die Frage: Wo ist meine Individualität, von der ich nur einen Abglanz im Bewußtsein erfasse, und den ja auch reduziert in bestimmten Momenten? Jeder Psychologe weiß, daß nicht allein der Schlaf die-

45

ses Ichbewußtsein auslöscht, sondern daß uns ununterbrochen während des Tages Höhen und Tiefen eines Tagträumens durchziehen und nur in ganz bestimmten Momenten ein Einschlag erfolgt, wo der Mensch sagt: Ja, ich bin, ich denke nach. Dann ist er wieder an die Außenwelt hingegeben, mehr oder weniger in den Vorstellungsbildern der Außenwelt hörend, sehend, fühlend, tastend – alles fließt zusammen –, um wieder in bestimmten Momenten zu sich zu kommen. Wenn der Mensch in diesen Momenten, die besonders gepflegt werden können, sich sagt: aber ich erfasse mich ja gar nicht, ich bin im Augenblick über diesen Moment reflektierend, wo ist meine wirkliche Individualität? –, dann kann er bei vertiefender Betrachtung dieses Tatbestandes zu dem Ergebnis kommen: Meine Individualität in ihrer Wirklichkeit lebt in der Gesamtheit meiner Biographie.

Die Gesamtheit der Biographie ist die der eigentlichen Individualität des Menschen angemessene Leiblichkeit, so daß wir oben (Abb. S. 45) dasjenige hinschreiben müssen, was eigentlich den Menschen ausmacht: das Ich. Von diesem Gesichtspunkt aus ist erst verständlich, was wir meinen, wenn wir sagen: Das Schicksal eines Menschen ist durch ihn selbst so gestaltet, daß es die Veranlagung für die selbstbewußte Weiterentwicklung seiner Individualität bildet.

Schauen wir uns das an einem ganz einfachen Schema an. Es ist wie ein meditatives Bild, das man immer von neuem vor sich hinstellen kann:

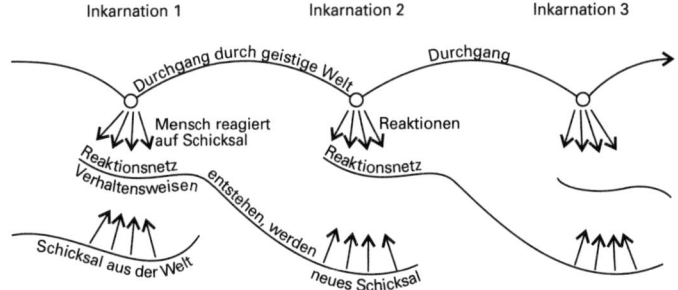

Inkarnation 1   Inkarnation 2   Inkarnation 3

Durchgang durch geistige Welt   Durchgang

Mensch reagiert auf Schicksal   Reaktionen

Reaktionsnetz / Verhaltensweisen   Reaktionsnetz

entstehen, werden

Schicksal aus der Welt   neues Schicksal

Da lebt der Mensch in einer Inkarnation, wie wir sagen, in einem bestimmten Lebensalter des Mittelalters, der Antike. Er macht ein Leben durch, lebt in einer Leiblichkeit, männlich oder weiblich, ist Italiener, Franzose, Marokkaner, Grieche oder Römer. Durch sein Leben hindurch kommen an ihn die Ereignisse in der Welt heran: Menschen, Probleme, Aufgaben aller Art, moralische Probleme, Gedanken-, Gefühls-, willenshafte Probleme. Er muß sich auseinandersetzen mit der Welt. Er reagiert auf das, was aus der Welt an ihn herantritt. Es bildet sich zwischen ihm und der Welt ein Reaktionsnetz oder eine Folge von Verhaltensweisen, die seine Reaktionen auf die Welt beinhalten. Er hat sich dumm benommen, er hat sich klug benommen, er hat sich andern Menschen gegenüber streckenweise amoralisch benommen, dann wieder sehr liebevoll, er war faul, er war fleißig, er war geizig, er war verschwenderisch, kurzum, er hat sich seinem Wesen gemäß der Welt gegenüber verhalten. Jetzt ist dieses Leben zu Ende. Die Individualität geht durch einen kürzeren oder längeren Zeitraum – er ist meistens länger, als die meisten Menschen vermuten – herüber, um in einer nächsten Inkarnation weiterzuleben.

Was soll denn diese nächste Inkarnation bewirken? Sie soll bewirken, daß alles, was in ihm an Verhaltensweisen da war, sich weiter vervollkommnet. Der Mensch geht durch die wiederholten Erdenleben, um in seiner Individualität vollkommener, autonomer zu werden, immer kräftiger in der Durchdringung der gegebenen Hüllen des Leibes, der gegebenen Naturwelten, mit dem Endziel, in der Autonomie seiner Individualität so stark zu werden, daß er eines Tages unabhängig von physischer Leiblichkeit leben kann.

Die Menschen werden eines Tages in anderen Existenzformen weiterleben als in denen einer physischen Leiblichkeit. Und so tritt für jeden Menschen objektiv, denn es handelt sich hierbei um etwas wie eine Weltengesetzmäßigkeit höherer Art, die Notwendigkeit auf, in der nächsten Inkarnation seine Verhaltensweisen weiterzubilden, zu vervollkommnen, in einem allgemeinen Sinne des geistigen, des moralischen und des künstlerischen Vermögens. Das geschieht dadurch, daß aus den Verhaltensweisen, die ja das Resultat auch seiner Unvollkommenheiten sind, sich die nächsten Schicksalsprobleme herausbilden. Was an den Menschen herankommt, was den Inhalt seiner Leiblichkeit bildet, daß er jetzt Mann oder Frau ist, das heißt, in einem männlichen oder in einem weiblichen Leibe, in einem weißen, schwarzen oder gelben Leibe steckt, sich in eine bestimmte Familie inkarniert hat – zunächst einmal die Grundelemente der Hüllennatur –, und daß dann im Leben ununterbrochen an ihn etwas herankommt, ist das Ergebnis seiner Verhaltensweisen aus der letzten Inkarnation. Und diese Situationen sind so aufgebaut und so gestaltet, daß sie in ihm bestimmte Kräfte hervorrufen, ihn zu bestimmten Reaktionen veranlassen sollen.

Wir kennen viele Beispiele und haben sie früher in den Fachkursen[5] auch durchgearbeitet, zunächst ein ganz einfaches: Ein Mensch ist ein Leben lang immer wieder sehr feige gewesen. Er muß bei Betrachtung seines Wesens feststellen: Du bist nie richtig mutig gewesen, du bist immer geflohen; vor allem, was dir gefährlich erschien, bist du ausgerückt. Mut aber und Standhaftigkeit sind Elemente, die die Individualität braucht. Und so wird sich der Betreffende sagen: Du mußt in deinem nächsten Leben Mut entwickeln. Was wird er also tun? Er wird sich in seine Biographie dauernd gefährliche Situationen einbauen. Er wird sich nicht ein Leben als Bahnwärter an einer stillgelegten Strecke der Bundesbahn bauen, wo er im Gärtchen sitzt und nur den Kohl und die Begonien wachsen sieht, sondern er wird sich immer wieder ein Leben schaffen, das ihn in Situationen hineinwirft, in denen er Mut entwickeln muß.

Das ist der Grundtypus dessen, was uns als Schicksal entgegentritt. Eine bekannte Tatsache ist, daß Menschen, die ein vergangenes Leben durch Selbstmord beendet haben, sich ein nächstes Leben schaffen, in dem sie dauernd in die Versuchung kommen, wieder Selbstmord zu begehen. So geht das nun bis in unendliche Feinheiten, bis in die Konstitution hinein. Ein Mensch, der eine Konstitution hat, die immer zu Lungenentzündungen führt, wo er ununterbrochen bestimmte Prozesse zurückdrängen muß, hat sich eine solche Leiblichkeit gesucht. Er will das. Er will sich jetzt in den ganzen erforderlichen Herausforderungen des Schicksals besser als bisher bewähren, damit nun aus dieser Verhaltensweise ein nächstes, drittes Schicksal hervorgeht, das sich dann wieder weiter in neue Schicksalszusammenhänge hinein umsetzt und so weiter.

Die Bogen (siehe Abb. S. 47) zwischen den einzelnen Inkarnationen weisen auf etwas, was uns sehr interessieren kann, sie enthalten den Durchgang des Menschen durch die geistige Welt, das heißt, den Durchgang durch die Welt, wo er mit geistigen Wesen zusammen das neue Schicksal ausarbeitet.

Die Biographie eines Menschen geht aus der Weisheit der geistigen Welt hervor. Ich habe ja schon auf die ungeheure Ehrfurcht hingewiesen, die man eigentlich vor dem Schicksal und der Biographie eines Menschen haben muß.[6] In dem hier zugrunde gelegten Vortrag «Was tut der Engel in unserem Astralleib?» weist Rudolf Steiner darauf hin, daß es ganz berechtigt ist zu fragen: «Was haben gerade die Geister der Weisheit oder die Throne im gegenwärtigen Menschheitszeitalter für eine Aufgabe, sagen wir im menschlichen Ätherleib?» Ich kann nach allem, wie die geistige Welt in meiner Leiblichkeit lebt, fragen, nur sind es sehr schwierige und komplizierte Fragen. Deshalb beginnt Rudolf Steiner mit der allereinfachsten Frage: «Was machen die allernächst an dem Menschen tätigen Wesen der Angeloi im gegenwärtigen Menschheitszeitalter innerhalb des Astralleibes?»[7] Die Engelwesenheit, am allerengsten mit uns verbunden, macht diese ganzen Prozesse nicht nur mit, sondern gestaltet sie. Wenn wir hinaufschauen und sagen, wir haben von unserem Ich nur einen Abglanz in unserem Bewußtsein, unser höheres Ich ruht sozusagen oberhalb der Dreiheit räumlich, zeitlich und überräumlich-zeitlich im Astralischen, dann muß gesagt werden, es ruht dort im Kreis oder, wenn wir das etwas gemüthafte Wort benutzen wollen, in der Hut unseres Engels.

Mit jedem Menschen ist eine Engelwesenheit auf die

Dauer verbunden. Auf die Dauer, das heißt durch alle Inkarnationen hindurch. Durch alle unsere Erdenleben, soweit wir sie zurückverfolgen können, von Ägypten an vielleicht über Griechenland, Rom, das Mittelalter bis in die Gegenwart hinein, hat uns immer ein und dasselbe Engelwesen begleitet, hat unser wahres, höheres Ich herübergeleitet von einer Inkarnation zur anderen, hat immer ein konkreter, individueller Engel diese Umwandlung aus einem Schicksalszusammenhang in ein neues, von außen kommendes Schicksal (siehe Abb. S. 47) unter Zuhilfenahme höherer Hierarchien und Wesenheiten mit ausgestaltet.

Hier sind wir an jener Stelle angelangt, wo die Biographik, die biographische Betrachtung, das Verständnis der Biographie in ein Wesensverständnis übergeht. Was kann das bedeuten? Ich nehme einen Menschen X – er kann der Klient sein, er kann auch mein Freund sein, vielleicht nicht ich selber, weil das schon wieder eine andere Ansicht gibt. Ich weiß, er ist da und dort geboren, die Eltern kenne ich, er ist in einer bestimmten Gegend aufgewachsen, er hat eine Schulbildung, eine Universitätsbildung, das und das hat er weiter getan, so und so kenne ich ihn, so lebt er bis heute. Ich sehe ein bißchen in das Wunderwerk der Biographie hinein, wie er dieses und jenes erlebt hat, und ich komme, wenn ich das wirklich vertiefend über das bloß Phänomenologische hinaus betreibe, an den Punkt, wo ich sage: Das ist eigentlich ein höheres Wesen, dem ich da begegne.

Um es radikal zu sagen: Das Schicksal ist nicht eine Addition von Zufälligkeiten. Es wäre falsch zu sagen, da ist ihm dieses und jenes passiert, da hat er zufällig den und jenen getroffen, später sogar geheiratet und so weiter. Das Schicksal ist nicht zufällig, oft auch gerade in den Kleinheiten nicht. Das Schicksal ist eine aus dem Geistigen hereinleuchtende Gesamtgestalt, die sich aus Physis, Ätherleib, astralischer Konfiguration – nicht zusammensetzt, sondern die sich aufbaut auf dieser Dreiheit, und die von oben her sinnvoll durchdrungen ist. Das Schicksal eines Menschen ist die höchste Form des Organismus, die wir überhaupt in dem uns bekannten Weltenall kennen.

Ein Mineral hat eine einfache Struktur, eine Pflanze hat schon einen höheren, komplizierteren Organismus. Das Tier ist sehr kompliziert, wie wir aus den zoologischen Untersuchungen heraus wissen, etwa ein Biber, wie der seine Bauten anlegt, das sind schon sehr, sehr komplizierte Strukturen, der Ätherleib, der Astralleib des Bibers in der Gruppenseele. Dann kommt der Mensch mit seiner sehr differenzierten Struktur des Physischen, dem wunderbaren Organismus seines Ätherleibes, der vielfach strukturierten Form des Astralischen mit all den Charakteranlagen unterschiedlicher Art. Das alles zusammen bildet beim Menschen die Grundlage für die höchste Form des Organismus, und das ist die Biographie.

In dieser Biographie lebt ein höheres Wesen, und das ist der Engel. Wir sind ja in unserem Tagesbewußtsein viel zu eingeschränkt, zu unzulänglich, dumm, uneinsichtig, um die Größe und Majestät dessen zu begreifen, was auch der einfachste Mensch als Schicksal hat. Sie können den einfachsten Fellachen nehmen oder einen armen Kurden oder sonst jemanden, er wird geboren, er geht das Leben hindurch bis zum Tode – sein Schicksal ist die höchste Form des Organismus, der auf der Erde zu finden ist.

Nun tritt der Sozialarbeiter an dieses Gebilde heran. Er muß sich sagen, es ist ja so, wie wenn ich zuerst an den Organismus einer Pflanze herantrete, dann an den eines Tieres, dann komme ich zum ganzen Organgefüge des Menschen. Er wird noch nicht einmal an den physischen Leib ohne gründliche Kenntnisse und Fähigkeiten herangehen können. Noch ist uns zum Glück der Ätherleib weitgehend entzogen. Es beginnt aber eine Zeit, vor allen Dingen mit dem kommenden Jahrtausend, wo die Menschen fähig werden, auch gestaltend in den Ätherleib einzugreifen. Und nun erlebt er in alledem die viel, viel feinere Gestalt des menschlichen Schicksals.

Jeder Sozialarbeiter, das wissen wir aus der Erfahrung, der an diesen Punkt gekommen ist und der nun aus ganz berechtigten menschlichen Gründen helfen will, wird das Gefühl haben: Ich kann das gar nicht tun ohne die Hilfe des Engels dieses Menschen.

Merkwürdigerweise ist das ja eine ganz alte Erfahrung, die unter anderen Umständen früher von den Menschen gemacht wurde, daß, wenn man mit einem Menschen am nächsten Tage etwas zu regeln hat, was vielleicht schwierig ist, man sich am Abend zuvor an seinen Engel wendet. Es wird in der katholischen Kirche gelehrt, wie das richtig ausgestaltet wird. Es gab immer Menschen, die in sozialen Berufen standen, zum Beispiel Richter – ich habe es von ihnen in Juristentagungen gehört –, die noch aus einer alten Tradition heraus, wenn sie vor einer schweren Verhandlung standen, wo es vielleicht um Tod und Leben ging, nicht nur in ihrem Richterzimmer eine Meditation machten, sondern in ihrem Richterzimmer sich noch einmal ganz bewußt an den Engel des Angeklagten wandten, um mit dem zusammen sozusagen das Richtige zu finden, was zu tun ist.

Wir haben unter den vielen Hunderten Vorträgen, die möglich gewesen wären, hier den Vortrag «Was tut der Engel in unserem Astralleib?»[8] hereingenommen. In ihm macht Rudolf Steiner neben vielem anderen darauf aufmerksam, daß dieser Engel nun ganz selbstverständlich derjenige ist, der in unserem Verhalten der Welt gegenüber Ideale anregen möchte. Denn das kommt ja hinzu, daß die Biographie, von der wir eben gesagt haben, daß sie ein wunderbarer, der höchste Organismus ist, der auf Erden zu finden ist, sich gleichzeitig dem Menschen gegenüberstellt, insofern er fähig zur Freiheit ist. Keine Biographie zwingt einen Menschen. Denn jede Biographie ist in ihren wesentlichen Passagen darauf angelegt – das ist ja ihr Inhalt –, daß der Mensch in der Selbstgestaltung einen Schritt weiterkommt. Das kann er nur, wenn er aus sich heraus, aus Freiheit, aus Initiative, gleichsam in einer Schöpfung aus dem Nichts heraus etwas findet, was in sachgemäßer Weise den von außen herankommenden Anforderungen entspricht.

Ein Mensch, um bei unserem Beispiel zu bleiben, der die Aufgabe hat, Mut zu entwickeln, der unter Hunderten von anderen Dingen in seiner Biographie immer wieder Erlebnisse eingebaut hat, die ihn eigentlich seiner Natur nach zum Fürchten bringen müssen, der würde natürlich völlig fehl laufen, wenn er vor diesen Ereignissen immer Psychopharmaka nimmt oder irgendeinen Tranquilizer, der ihm ganz beruhigend sagt: Da ist kein böser Löwe! Na, du kleine Katze... Er hat die Furcht weggeschafft. Aber das war doch gar nicht die Aufgabe, er selber sollte die Furcht überwinden, das war der Sinn des biographischen Momentes!

Das heißt, ich muß sehen, daß das Schicksal in seinen Anforderungen von mir etwas will. Und wehe, ich oder ein anderer betrügt den Menschen um das, was er sich in seiner Biographie mühsam aufgebaut hat. Denken wir, ein Mensch müßte am Ende seines Lebens sagen: Ich hatte so viele Chancen, Initiative zu entwickeln, Gelassenheit zu entwickeln, dieses und jenes, aber da ist einer gekommen und hat mir das alles wegprogrammiert, und ich war ganz fröhlich und brauchte mich nicht mehr anzustrengen. Wir selber haben uns doch alle die Schwierigkeiten aufgebaut. Kein Mensch begegnet irgendeiner Lebensschwierigkeit, die er nicht selber sich hingestellt hat.

Ich beziehe das alles immer auf den mündigen Menschen. Es ist zu untersuchen, was man macht, wenn in Übergangsstufen zur Unmündigkeit Menschen gar nicht mehr zu solchen Überlegungen fähig sind. Im Normalfall jedoch kann der Mensch, auch der Klient, durchaus angeregt werden, sich zu sagen: Du, sag mal, warum sollst du das eigentlich jetzt erleben? Versuch doch herauszubekommen: Was ist das? Oder der alte anthroposophische Slogan: «Mach eine Übung daraus!» Das heißt, guck mal, da ist etwas, was dich furchtbar ärgert, du leidest darunter, jetzt denke doch für einen Augenblick, das wäre so, wie wenn du dir eine Turnübung selbst verschrieben hättest; du hättest dir schwere Hanteln hingestellt, um deine Muskeln zu stählen. «Mach doch mal eine Übung daraus», das heißt, versuche, diese Schwierigkeit als eine von dir selbst aufgebaute Übung zu verstehen!

Wenn der Mensch diesen Ansatz findet, wenn er, weil er

ihn selber bei sich gefunden hat, ihn dann als Sozialarbeiter auch an Klienten oder überhaupt an andere Menschen weitervermitteln kann, dann tritt natürlich die Frage auf: In welche Richtung hin soll ich mich nun verhalten?

Ich könnte mir vorstellen, daß es Menschen gibt, die sagen: Wieso ist Mut eine positive Tugend? Feigheit ist doch viel klüger! Die mutigen Leute rennen immer irgendwo ins offene Messer, und meistens sterben sie auf dem Schlachtfeld oder sonstwo, der Kluge bleibt zu Hause, weil er feige ist. Also, wo steht denn geschrieben, was gut ist?

Hier setzt Rudolf Steiner an, indem er sagt: Der Engel, der ja unsere Biographie ununterbrochen begleitet, der gleichsam möchte, daß wir uns in Richtung einer vorwärtsgehenden Weltentwicklung entwickeln, regt drei große Grundmotive an. Rudolf Steiner hat diese drei Anregungen des Engels mit zahllosen anderen Formulierungen auch beschrieben.

Das erste ist, er regt das an, was man die allgemeine «Brüderlichkeit»[9] nennen könnte. Das ist ja ein Begriff, der sehr, sehr weit geht, daß ich mitfühle mit dem anderen, daß, wenn der andere Hunger hat, ich den Hunger selber spüre und gar nicht aushalten kann, ihn ungesättigt zu sehen. Es ist also eine Verbindung der Leiber miteinander, eine brüderlich-schwesterliche Verbindung, wo man den anderen wie sich selbst empfindet. Das macht einen ganzen Teil der inneren Ideale aus. Das geht bis in alles mögliche, bis in Ehekrisen hinein; denn wenn der Mann oder die Frau diese brüderliche Empfindung hat, dann wird er oder sie spüren: Der andere leidet, ich kann ihn nicht leiden sehen, er erträgt nicht mein Wesen, wie es ist. Brüderlichkeit hängt nicht nur mit Brot zusammen, sie hängt mit alledem zusammen, daß man wahrnimmt, wie der andere leidet, und daß man ihm helfen möchte.

Das zweite große Ideal hängt mit der Seele zusammen. Rudolf Steiner faßt es so zusammen, daß er am Ende der Darstellung sagt: Es ist die «Religionsfreiheit».[10] An einer anderen Stelle ist das noch viel schöner formuliert: Es ist die Toleranz! Der Engel möchte in uns, in alle unsere Lebensverhaltensweisen, das Ideal der Toleranz einem anderen Menschen gegenüber einflechten.

Wir wissen, wie wenig das im Menschen zunächst, begreiflich aus der Vergangenheit, veranlagt ist. In der Regel hat er die Neigung, den anderen zu belehren, dem anderen zu erklären, daß es falsch ist, was er denkt im Gegensatz zu dem, was man selber denkt und so weiter – wenn er Christ ist, den Juden und den Moslem nicht gelten zu lassen, wenn man Jude ist, nicht den Araber gelten zu lassen und so weiter. Wir schauen ja heute in einen Abgrund der Intoleranz hinein in der gegenwärtigen Welt. Veranlagt aber im Menschen für die Zukunft soll immer mehr die Fähigkeit werden, zu sagen: So, wie du denkst, fühlst und empfindest, ist es dein volles Recht, und ich müßte eigentlich auf die Barrikade gehen für dein Recht, so zu denken und zu empfinden, wie du willst. Einmal nennt Rudolf Steiner diese Toleranz den «Gedankenweg zu dem Christus».[11] Von überhaupt nur zwei möglichen Wegen, zur Christuswesenheit zu kommen, ist diese innerlich durchseelte Toleranz der eine Weg.

Und das dritte Ideal, das Rudolf Steiner nennt – es hört sich fast ein wenig *pro domo* gesprochen an –, ist: Ununterbrochen arbeiten die Engel in uns das Ideal hinein, die Dinge in der Welt nicht nur physisch anzusehen, sondern auch seelisch-geistig. Sie arbeiten eigentlich darauf hin, daß in der Zukunft die «Geisteswissenschaft»[12] ein allgemein Objektives unter den Menschen ist.

Jetzt sind wir im Bereich des mehr Geistigen, des Bewußtseins. Wir sehen also, wie die Engel versuchen, in großen Komponenten in uns eine Ausrichtung der Verhaltensweisen hineinzuarbeiten. Denn der Mensch steht ja sehr oft hilflos den Weltaufgaben gegenüber, und am allerhilflosesten ist der Sozialarbeiter, der sich wirklich mit dem konfrontiert sieht, was die heutige Gesellschaft durchzieht, zum Beispiel die vielfältigen Formen der Kriminalität, die man nicht nur bei der Drogenmafia sehen muß, sondern die bereits bei der Steuerhinterziehung beginnt, die damit beginnt, daß man irgend etwas ein bißchen günstiger für sich selber abrechnet, als es richtig wäre, und so weiter. Kriminalität ist eines der weitverbreitetsten geistig-seelischen Erkrankungsphänomene der Gegenwart. Oder man schaut auf alles dasjenige, was mit den Formen der Drogenabhängigkeit zusammenhängt. Auch da sind Heroin, Haschisch, Crack und alles das nur die Spitze eines Eisberges. Jeder Stoff kann Droge werden, nicht nur Tabak, Alkohol, nicht nur Kaffee – beliebteste Droge der Anthroposophen –, sondern alles, bis hin zu Erlebnissen des schnellen Autofahrens, um nur einige Beispiele zu nennen.

Und der Mensch sieht sich dem gegenübergestellt und überlegt: Ja, wie ist das, soll ich das tolerieren, soll ich das nicht tolerieren; warum soll ich das? Warum soll ich tolerieren, daß der eine furchtbar viel Alkohol trinkt? Und daß der andere ab und zu mal Heroin oder Haschisch nimmt, das soll ich nicht tolerieren, das andere muß ich tolerieren.

Da taucht nun die Frage auf, die sich schon aufgebaut

hat: Wie ist es eigentlich mit dem Guten und mit dem Bösen? Und wenn wir versuchen, die Biographie in Richtung auf das Wesenhafte hin zu durchdringen: Wie ist es denn mit den guten, aber auch mit den bösen Wesenheiten? Gut und Böse sind das Schibboleth des Sozialarbeiters. Eigentlich kann er keinen Schritt in seiner Tätigkeit tun, ohne sich Rechenschaft darüber zu geben, nach welchen Gesichtspunkten er Gut und Böse beurteilt – immer unter der Voraussetzung, die ich hier mache, weil wir unter anständigen Menschen sind, daß er in der Sozialarbeit dem Klienten zum Guten, zum Besseren helfen will. Er will ihn ja nicht verderben. Er will ihm ja nichts Böses antun. Er will ihm etwas Gutes antun. Aber, so muß er sich fragen: Was ist denn das Gute? Da sehe ich die Kompliziertheiten eines gegenwärtigen Lebens, ich habe so eine arme, verkrachte Existenz vor mir, drogenabhängig, Dealer, kriminell, verwahrloste Familienverhältnisse, sechs uneheliche Kinder, drei verlassene Frauen, fünfzigtausend Mark Schulden, und – ich zähle einmal auf, was so ein Klient alles anbringt – er steht vor einem Gerichtsverfahren.

Jetzt will man ihm helfen. Beruflich ist man dazu als Sozialarbeiter aufgefordert, in der Gerichtshilfe oder sonstwie, menschlich ist man in diesen Beruf hineingegangen, weil man eben aus einer gewissen Grundstimmung der Brüderlichkeit dem anderen helfen will. Aber was macht man jetzt? Wonach richtet man sich? Gut und Böse zunächst, wie sie in unserer Gesellschaft auftreten, sind normenorientiert. Normen, das heißt irgendwelche allgemeinen Grundsätze, legen fest, was gut und böse ist. Da sind die Staatsgesetze. Alkohol gibt es überall in Massen,

Heroin – auch die kleinste Portion – wird beschlagnahmt, so sagt der Staat. Da kommen natürlich unsere Drogentherapeuten und sagen: Das ist Unsinn! Gebt endlich die Drogen frei, dann haben wir wenigstens die Drogenkriminalität weggeschafft. Aber der Staat legt irgendwo fest, was gut und böse ist.

Dann kommt die Sitte. Die Sitte legt auch fest, was gut und böse ist, und die Sitte entstammt ja vor allen Dingen im europäischen Raum den kirchlichen Gesetzen. Also Kirche und Staat haben Normensysteme entworfen, nach denen im Allgemein-Sozialen feststeht, was gut ist, und vor allen Dingen, was böse ist – weil verboten.

Nun hat sich gezeigt – und das ist das große Dilemma der Sozialarbeit geworden, das hat dazu geführt, daß viele diesen Beruf wieder aufgeben wollen oder ihn aufgegeben haben oder daran verzweifeln –, daß die Hilfeleistung einem Klienten gegenüber aus einem Normenbewußtsein heraus erfolglos und kraftlos bleibt. Wenn ich dem Klienten helfe, sich sozusagen staatsgemäß, sitten- oder kirchengemäß zu verhalten, dann wird meine Hilfe schwach, kraftlos und letzten Endes erfolglos bleiben. Das ist eine Erfahrung. Man kann auch verstehen, daß es so sein muß, denn diese Normen sind völlig abstrakt.

Ich erwähne oft in diesen Zusammenhängen – es ist ein Beispiel, an dem das zwanzigste Jahrhundert wach werden könnte – die *Prohibition* in Amerika. Da waren also durch Jahre hindurch jegliche Herstellung und jeglicher Konsum von Alkohol strikt verboten. Wir alle kennen das ja, sei es aus Filmen oder aus der Literatur, wie sich das ganze Gangstertum entwickelt hat, wie *Al Capone*, der dann doch heimlich Bier verkauft hat, viel Geld gemacht hat, ferner die Flüsterkneipen. Das Alkoholverbot schuf eine ganze kriminelle Welt, obwohl Herstellung und Besitz von Alkohol strengstens verboten, Sünde, strafbar waren. Eines Tages kam der amerikanische Präsident *Roosevelt* und sagte: Das ist doch alles Unsinn; ein Gesetz wird erlassen: Schluß mit der Prohibition! Und von einem Tag zum andern war das, was gestern Sünde und strafbar war, wohlgefällige Bürgertat. Wer jetzt Bier braute, war ein angesehener Bürger! Was für ein Unsinn! Wie kann durch einen Federstrich des Staates von einem Tag zum andern gut sein, was gestern noch böse war?

Und das liegt allem Normenwesen zugrunde. Das macht alles normenorientierte Verhalten schwach und kraftlos, weil es überhaupt keine inneren Begründungen hat. Daher mußte für die Sozialarbeit, überhaupt für das Arbeiten auf sozialem Felde in bezug auf das Unterscheiden von Gut und Böse eine neue Motivierung gesucht werden. Und das war das Ergebnis eines genau zweieinhalb Jahrtausende alten Prozesses, der nämlich mit Aristoteles begonnen hat und der dann bei Rudolf Steiner sich durch «Die Philosophie der Freiheit»[13] in die Anthroposophie hinein ausgestaltet hat.

Bereits Aristoteles sagt dem Sinne nach: Das Gute ist eigentlich immer die Mitte zwischen zwei Extremen. Das heißt, bei Aristoteles beginnt die Überlegung, daß das, was Gut und Böse ist, aus der Sache selbst heraus beurteilt werden muß und nicht nach äußerlich aufgestellten Normen.[14] Das ist dann durch vielerlei Formen hindurchgegangen – das Mittelalter hatte noch einmal eine ganz starke Normengesetzgebung –, und dann tauchte es zunächst im aristotelischen Sinne bei Rudolf Steiner wieder auf, indem er darauf hinweis, daß es «ganz besonders wichtig wird für diesen Menschen der neueren Zeit, das zu verstehen, was man nennen kann: Gleichgewicht suchen zwischen den entgegengesetzten Polen.»[15] Alle menschlichen Tätigkeiten, alle seelischen Formen können nach zwei Seiten, und zwar nach zwei entgegengesetzten Seiten, hin ausarten.

Der Feigheit ist eigentlich nicht der Mut gegenübergestellt, sondern der übertriebene Mut, die Tollkühnheit. Einer, der sich wie ein Wahnsinniger ins Kampfgetümmel stürzt, der ist nicht mutig, der ist tollkühn, der ist auf seine Art genauso aus der Mitte herausgefallen wie der, der furchtbar feige ist und jede Auseinandersetzung vermeidet. Ist der Geiz die eine Seite, die Verschwendungssucht die andere, so ist das vernünftige Umgehen mit Geld die Mitte. So können wir an zahllosen Beispielen zunächst einmal feststellen: Es läßt sich Gut und Böse aus jeder Sache selbst heraus verständlich machen, ohne daß ich Bezug auf ein äußeres Normensystem nehmen muß. Das wird nun bei Rudolf Steiner verdichtet zur Anschauung wirkender Wesenheiten.[16] Da taucht das auf, was ja manchmal für die Außenwelt so schwer verständlich ist, was sich aber in der Praxis, in jeder Form der Lebenspraxis, die sich durch Anthroposophie befruchtet hat, als außerordentlich positiv, brauchbar, weiterführend erwiesen hat, daß ich zwei Wesenheitsarten sozusagen anzuschauen lerne, die bei jeder Sache das eine oder das andere Extrem hervorrufen. Wir bezeichnen diese Wesenheiten mit alten Namen, wir nennen die eine Wesenheit Ahriman – ein persischer Name für eine satanische Wesenheit – und die andere Wesenheit Luzifer – ein aus dem christlichen Bereich bekannter Name.

So entwickelt sich in der Anthroposophie eine nicht moralische, sondern sachgemäße Anschauung von zwei Weltenkräften, die dauernd bestrebt sind, irgend etwas – den Menschen, die Natur, Vorgänge und so weiter – nach der einen oder anderen Seite hin zu verzerren. Mit Ahriman charakterisiert sich alles dasjenige, was jedwede Erscheinung, jedwede Regung seelischer oder geistiger Art in die Verhärtung, in Todesprozesse, in die Verphysifizierung hineintreiben will. Mit dem luziferischen Prinzip charakterisiert sich alles dasjenige, was den Menschen, die Natur oder Ereignisse in die Auflösung, in die Loslösung von der Form bringen will, in eine sozusagen übertriebene Lebenstätigkeit hinein.

Das kann man an wirklich zahllosen Beispielen ausführen; denn das stellt sich ganz unterschiedlich dar, je nachdem, auf welchen Bereich des Lebens ich schaue. Für den Sozialarbeiter wird ja wichtig, daß er aufmerksam wird, wenn er vor einem Problem steht, dem sein Klient ausgesetzt ist, wo er ihm helfen möchte, zu fragen: Was sind hier eigentlich die großen, abweichenden Kräfte? Was tritt in ihm auf, versucht, ihn zur luziferischen Seite hinzuziehen, versucht, ihn zur ahrimanischen Seite hinzuziehen? Und dann verbindet er das mit einer weiteren Frage: Wie stellt sich der Engel in dieses Spannungsfeld hinein?

Es wird plötzlich deutlich, daß der Mensch eine Art Schauplatz einer großen Auseinandersetzung ist, daß in diesen Menschen alles das hineinwirkt, was durch den Engel, und damit durch das eigentliche höhere Ich, an ununterbrochener feiner Idealität in seine Lebensauseinandersetzung eingewoben wird. Feine Idealität webt dauernd durch den Menschen hindurch. Aber mächtig kommt da von der einen Seite alles heran, was den Menschen abziehen möchte in eine ahrimanische Verhärtung, mächtig kommt an den Menschen alles das heran, was ihn hinaufreißen will in eine luziferische Auflösung, in ein Luziferisches. Und alles das, was der Mensch hier ist, erscheint wie ein Schauplatz mehrerer Kräfte. Und jetzt kommt das, worauf wir immer wieder von einem anthroposophischen Aspekt aus aufmerksam machen: Die Hilfe besteht darin, daß das Ich, das, was vom höheren Ich hereinleuchtet, sich in dieser Auseinandersetzung behaupten kann. Das wird nur möglich sein – und hier nähern wir uns einer der ersten wesentlichen Stellen, die mit dem Schulungsweg des Sozialarbeiters zusammenhängen –, wenn der Sozialarbeiter übt, sich selbst in bezug auf irgendeine Lebenssituation den Abweichungen des Ahrimanischen und Luziferischen auszusetzen.

Sie haben einen Klienten. Er steht vor einem Problem, vielleicht der Ehescheidung. Er ist zu Ihnen gekommen. Da sind die Kinder, da ist die Frau, von der er sich trennen will, aber die Kinder will er bei sich behalten, für die will er weiter sorgen, und Sie spüren, der Mensch steht vor einer schweren Lebensentscheidung. Vielleicht ist es wirklich so, daß er sagt: Ich kann aber nicht mehr vernünftig weiterleben mit dieser Frau. Ich gehe zugrunde, es hat keinen Zweck, ich bin weder für meine Kinder ein guter Vater, noch bin ich ein guter Arbeitskollege, wenn dieses Weib täglich auf mich einhackt. Ich rede einmal vom Gesichtspunkt des Mannes aus, im anderen Fall erzählt die Frau dasselbe. Aber da sind nun die Kinder, man will doch eigentlich, daß die Kinder mit Vater und Mutter aufwachsen. Das ist eine ganz typische Entscheidungssituation.

Was wird ein guter Sozialarbeiter tun? Er wird sich das alles anhören, selbstverständlich, und dann wird er versuchen, in sich selbst einmal diese Situation durchzuspielen.

Er wird – vielleicht auch für sein eigenes Eheleben – sich sagen: Jetzt setze ich mich einmal probehalber ganz einem luziferischen Einfluß aus, die Freiheit zu suchen, loszukommen aus den Fesseln der Ehe. Luzifer ist ein großer Freiheitsfanatiker. Und da zeigt sich etwas: diese Kräfte bringen Bausteine mit herein: Ist Luzifer der große Freiheitsfanatiker, so Ahriman der große Paragraphenmacher. Ahriman will immer, daß alles festliegt – genauso soll es sein, und genau so muß man sich Punkt für Punkt daran halten. Das kann dann auch der Betreffende durchgehen und sich fragen: Ja, und wenn ich mich ganz dem Ahrimanischen aussetze? Ahriman spricht: Es ist deine Pflicht und Schuldigkeit, du bist der Vater der Kinder, du mußt dableiben, du mußt das ertragen und so weiter, das Gesetz verlangt es so!

Man kann einem Menschen in diesen Auseinandersetzungen nur helfen, wenn man sich selbst übend immer wieder in diese Auseinandersetzungen hineinstellt, immer wieder probiert: Wie ist das, wenn Ahriman in einem spricht? Denn Ahriman spricht in allen Menschen – so wie Luzifer in allen Menschen spricht. Und dann soll man versuchen, immer wieder zu spüren: Was will der Engel? Was ist das Ideal in diesem Fall?

Das heißt, wir müssen darauf aufmerksam werden, daß wir in diesen Organismus eines Schicksalsgewebes nur dann hineinschauen und vielleicht auch vorsichtig helfen können, wenn wir alles selber bei uns durchführen. Wer sich innerlich niemals kleptomanen Versuchungen ausgesetzt hat, wie will er einem kleptomanen Dieb helfen, der immer wieder sagt: Ich kann doch gar nichts dafür; ich habe Honigfinger, es bleibt alles daran kleben, wo ich vorbeigehe. Und das ist ja so.

Man muß etwas spüren von jener großen Erkenntnis, die Goethe einmal ausgesprochen hat: Ich weiß mich jedes Verbrechens fähig;[17] das wird von Rudolf Steiner wieder aufgegriffen, indem er sagte: Jeder Mensch in der heutigen Zeit ist grundsätzlich zu jedem Verbrechen fähig, es kommt nur auf die sozialen Umstände an, ob das auftritt oder nicht. – Das mag für manches stolze Selbstbewußtsein ein fürchterlicher Schlag sein, zu hören, daß man das überhaupt denken kann!

Ich sagte, nichts soll mir geglaubt werden, es genügt, es mitzunehmen als eine Anregung, darüber nachzudenken, daß ein solcher Mensch wie Goethe zu einer solchen Auffassung kam, daß in jedem Menschen alles veranlagt ist – so können wir ja auch sagen. Es ist die Veranlagung da, das heißt nicht, der Mensch soll es tun, sondern er soll aufmerksam werden darauf, daß alle Arten von Abweichungen in ihm veranlagt sind. Biographisches Selbstbewußtsein besteht darin, ihnen nicht nachzugeben, bei einer Mitte zu bleiben, bei einem Gleichgewicht, das Ideal immer sozusagen in der Mitte zu suchen.

Es wäre sehr schön, wenn der Kampfplatz nun erschöpft wäre mit dieser Zweiheit von Ahriman und Luzifer und dem helfenden Hereinwirken des Engels, doch dem ist nicht so, und so kommen wir jetzt zu einem dritten Aspekt, der eigentlich überhaupt erst unsere ganze moderne Situation charakterisiert, und das ist die Tatsache, daß in jeden Menschen von unten her, aus den Tiefen der Erde hinein-

wirkt, ja in ihn hineingezogen ist, ein sogenanntes Doppelgängerwesen, eine ahrimanisch-luziferische Wesenheit me-
phistophelischer Art, die den Menschen von unten her wie
ein böser Geist durchzieht.[18]

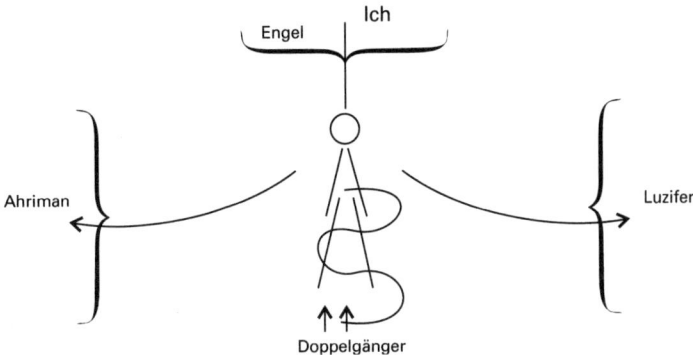

Natürlich taucht bei solchen Darstellungen immer die Frage auf: woher kommt denn dieses Doppelgängerwesen? –,
und man müßte nun zurückgehen in der Genesis der ganzen Menschheitsgeschichte. In den Mythen der Menschen
hat sich ja vieles niedergeschlagen, wie da von Anfang an
auch die Schlange da war, als das ganze Menschensein begann. Für eine phänomenologische Betrachtungsart genügt es, sich zu sagen, gut, ich setze einmal voraus, daß
dem Engelwirken, das mich durchdringt, das Wirken einer
von unten, aus den Tiefenkräften aufsteigenden Wesenheit
entgegengesetzt ist, die mich beherrschen will; eines Wesens, das sich dadurch charakterisiert – und da wird ja jedem Sozialarbeiter plötzlich ein Licht aufgehen –, daß es
hochintelligent ist, nicht die Spur eines Gemütes besitzt,
aber einen enormen Willen, der wie eine Naturkraft auf-

tritt. Dieses Wesen ist eiskalt und hat einen großen Willen, etwas durchzusetzen.

Wir haben uns oft mit dem Begriff der kriminellen Energie herumgeschlagen. Was wird da an Willenskräften aufgewandt in der gesamten Welt der Kriminalität! Dort wirkt eine hohe, aber eiskalte, nicht vom Gemüt gesteuerte Intelligenz!

Goethe war auf dieses Problem gestoßen. Wir sagen oft: Faust ist ein Repräsentant unserer Zeit, weil er zeigt, wie in jedem Menschen der Mephistopheles ist, wie in jedem Menschen ein Wesen lebt, das die Ich-Natur dauernd in Abweichungen hineinbringen will.

Und wir bemerken nun hier, auch für die empfindenden Ansätze der Sozialarbeit, einen großen Unterschied. Der Engel, der da von oben, von meinem wahren Ich aus, hereinwirkt, ist *mein* Engel. Der Doppelgänger, der von unten mich durchdringt, ist *mein* Doppelgänger, *mein* Mephistopheles. Aber Ahriman und Luzifer sind Weltenkräfte, sie wirken in der Welt objektiv. Der Mensch sieht sich mit seiner Individualität, die er zunächst im Abglanz erlebt, hineingestellt zwischen die großen Entscheidungsfragen, zwischen Engel und Teufel – bleiben wir bei dem mittelalterlichen Bilde –, zwischen Engel und Doppelgänger, um sich zu bewähren in der Gleichgewichtshaltung, in der Entwicklung der allgemeinen Idealität in allen Lebensreaktionen, und zwischen die großen, objektiven Weltenkräfte, die Wesenheiten Ahriman und Luzifer.

Auf diesen Tatbestand ist das Wunderwerk des Organismus einer Biographie abgestimmt. Bevor wir geboren wurden, in den Jahrhunderten, bevor wir wieder zur Erde niederkamen, haben wir mit höheren Wesenheiten zusam-

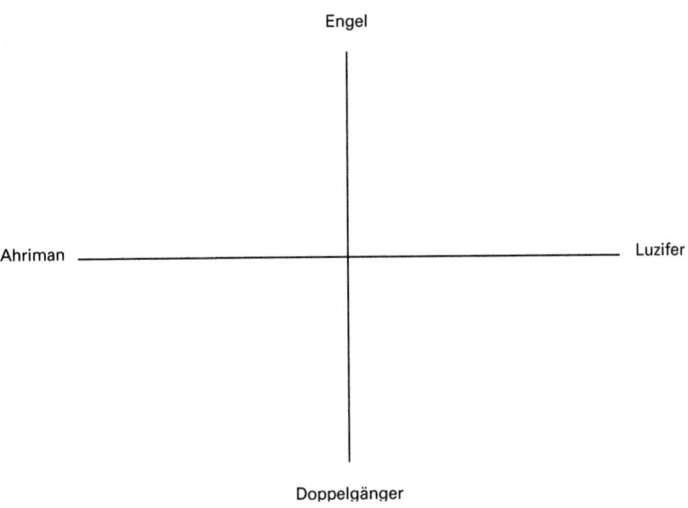

Engel

Ahriman ─────────────────────── Luzifer

Doppelgänger

men, vor allen Dingen mit unserem Engel, einen Schicksalsablauf ausgearbeitet. Dieser Schicksalsablauf war so gedacht, daß man als Ich zwischen Engel und Doppelgänger, zwischen den Abweichungen des Luziferischen und des Ahrimanischen, in der Entwicklung einer inneren menschlichen Idealität bei jeder einzelnen Handlung das Ich ein Stück vorwärts entwickelt.

Es gibt keinen Menschen auf der Erde, bei dem diese Grundveranlagung nicht da ist, nicht zu finden wäre, so wie jeder Mensch auf der Erde eben Kopf, Gliedmaßen und Herz hat. Und die Sozialarbeit beginnt – neben vielem anderen, ich kenne ja den Bereich sehr gut, wie Aktenhilfe, tätiges Äußeres, was man so für den Klienten ganz selbstverständlich als Hilfe tut – dort, wo es darum geht, den Betreffenden zu stärken, ihm zu zeigen, anregend im Gespräch, wie er wieder in eine Mitte seines Biographischen kommen kann. Da beginnt das Ganze mit dem Durchschauen der geschilderten Tatbestände. Diese Tatbestände, ich sagte es schon, sind auf ihre Art ebenso kompliziert, müssen genauso studiert und gelernt werden, wie ein Arzt die Anatomie lernen, studieren muß, im besonderen dann Chirurgie, Gehirnchirurgie zum Beispiel. Jede Leichtfertigkeit sollte ausgeschlossen sein.

Man betritt den Ort von Weltenmächten, und etwas, was ja manche Sozialarbeiter erlebt haben, geschieht: In dem Augenblick, wo die Hilfe des Sozialarbeiters dem Klienten gegenüber beginnt, ist gemeinsames Schicksal da. Es gibt keine Neutralität in dem Sinne, daß ein Mensch sagen könnte, ich mache etwas, ich helfe dir, und dann kannst du ja weitergehen, ich ziehe mich zurück. Noch nicht einmal, wenn der Mensch mit einer Gruppe zum Beispiel Biographiearbeit macht, kann er sagen, nun könnt ihr wieder gehen. Unlösbare Bande sind entstanden, Schicksal, das in die Zukunft hinein sich auslebt, Schicksal, das oft schon in diesem Leben bei Fehlverhalten auf den Sozialarbeiter zurückschlägt – ein ganz bekanntes Thema!

Darum soll, wenn man an die Biographie des Menschen herantritt, und das war die Empfehlung Rudolf Steiners, tiefe, wirklich empfundene «Ehrfurcht walten». Das Schicksal des kleinsten, scheinbar unbedeutendsten Menschen ist ein Götterkunstwerk,[19] und wer nicht an dieses Götterkunstwerk in Ehrfurcht herantreten will, sollte die Finger davon lassen. Aber wer dem Menschen helfen will, weil er selber in sich das Ideal der Brüderlichkeit hat, der wird diese Ehrfurcht über kurz oder lang entwickeln und hervorbringen, weil er merkt, nur aus dieser Stimmung heraus kann er einem anderen Menschen wirklich helfen.

III. Wesenheiten im Geschichtsverlauf und ihre Wirkungen im Karma der Menschen

Wir haben gesagt, daß alles, was wir hier anführen, nur Anlaß zum eigenen Studium sein kann. Gewöhnlich, und mit vollem Recht, begründet man diesen Hinweis mit der Fülle der Arbeit, da in jedem großen Studium Vorträge und Vorlesungen, auch an der Universität, nur Anstoß, Richtlinie, Rahmenprogramm für das sein können, was dann im eigenen Studium geleistet werden muß in viel intensiverer Zeitaufwendung.

Nun kommt aber bei der Anthroposophie zu diesem sonst in der Welt auch Üblichen etwas ganz Entscheidendes hinzu, was überhaupt die ganze anthroposophische Arbeit wirksam macht und erschließt, und das ist, daß erst durch das eigene Studium jene Individualisierung der Gedankengänge und der Erkenntnisvorgänge einsetzt, ohne die die ganze Anthroposophie wirkungslos ist.

Wenn wir also immer wieder sagen: Das alles muß im eigenen Studium aufgearbeitet werden, dann meinen wir im Anthroposophischen nicht nur die – auch vorhandene – Fülle, die in einem Vortrag gar nicht darzustellen ist, zu durchdringen, sondern wir meinen etwas ganz anderes. Und dieses ganz andere führt uns nun in jene Betrachtung hinein, wo wir den Blick darauf richten müssen, wie große, hierarchische Wesen im Geschichtsverlauf der Menschheit

71

sich geltend machen und wie sie aus diesem Geschichtsverlauf heraus in die einzelne Biographie im guten wie im schlechten konstituierend hineinwirken.

Zunächst wollen wir den Gedanken der Individualisierung vertiefen. Wir sprechen innerhalb der Anthroposophie von einem klar gegliederten Erkenntnisstufengang in die wahre Wirklichkeit hinein. Die Anthroposophie spricht ja nicht von einem nebulosen, mystischen Schauen geistiger Tatbestände, sondern sie beschreibt die übersinnlichen Erkenntnisarten genauso detailliert und genau, wie sie etwa in der Lage ist, im erkenntnistheoretischen Bereich die Erkenntnisvorgänge der physisch-sinnlichen Erkenntnis in Beobachtung, Denken, Wahrnehmung, Empfindungselement und so weiter zu analysieren.

Und so sprechen wir davon, daß es vier große Stufen gibt, durch die sich die Erkenntnis des Menschen entfaltet. Die im heutigen Bewußtseinsentwicklungszustand der Menschen übliche und allgemein verbreitete Erkenntnisart ist die der Sinneserkenntnis oder, wie man mit einem Fachausdruck sagt, der «Sensation». Der Ausdruck Sensation wird im allgemeinen salopppen Sprachgebrauch benutzt, um ein aufregendes Ereignis, eine aufregende Tatsache zu beschreiben. Im strengen, philosophisch-erkenntnistheoretischen Wortgebrauch bedeutet Sensation jene Erkenntnisart, bei der in völliger Passivität des Bewußtseins durch die Sinne Eindrücke auf die Seele gemacht werden, sogenannte «Sensationen». Die Übertragung des Wortes bedeutet dann eben: Bedeutende, mächtige Sinneseindrücke sind irgendwelche Sensationen.

Das Charakteristische der Erkenntnisart, die hier unser ganzes gewöhnliches Heute, das Denken und Bewußtsein charakterisiert, besteht darin, daß die Wahrnehmungsinhalte an uns herankommen. Ich schlage das Auge auf, ich muß nichts tun: Farben, Hell und Dunkel, und anderes dringen in mich hinein. In mein Ohr tönen Geräusche und Worte, der Sinn ist, von der Individualität her gesehen, passiv. So entwickelt sich innerhalb dieser sensationellen Bewußtseinsart auch das entsprechende Denken und Vorstellen. Unsere Vorstellungen knüpfen sich aneinander in Form von Assoziationen, ein Bild folgt dem anderen. Nur wenn wir beginnen, nun willkürlich zu denken, merken wir, jetzt ändert es sich, wir müssen einen Eigenwillen aufbringen, um einen Gedankengang wirklich durchzuführen und nicht von den hereinflutenden Vorstellungen hin- und hergerissen zu werden.

In der Geisteswissenschaft übt man diesen Vorgang durch die sogenannte Konzentrationsübung. Man zwingt sich selbst, fünf Minuten lang sinnvolle Gedanken an einen möglichst uninteressanten, unsensationellen Gegenstand zu knüpfen, an einen Reißnagel, an einen Bleistift.[1] Man zwingt sich, fünf Minuten lang etwa folgendem Gedankengang zu folgen: Was ist ein Bleistift? Woraus wird er hergestellt? Wozu verwendet man ihn? Da gibt es kunstvolle Aufbauten, und man erlebt bei dieser Übung, wenn man sie zum ersten Mal macht, wie man dauernd von diesem Gedankengang weggedrängt wird, wie da Vorstellungen hereinschießen, und man auf einmal ganz woanders ist und nicht mehr beim Bleistift.

Wir kommen also innerhalb des Gebietes der Sensation bereits zu der Erfahrung, daß dann, wenn wir uns mit dem Denken aus der starken Sinnestätigkeit, die dieses Bewußtsein durchdringt, herauslösen wollen, wenn wir immer reinere, bewußtere Gedanken bilden wollen, wir eine immer stärkere willenshafte Anstrengung vornehmen müssen.

Dann – das ist nun Inhalt des Schulungsweges[2] – kommt es dazu, wenn andere Vorbedingungen auch erfüllt sind, daß der Mensch zu einer nächsthöheren Erkenntnisstufe durchstößt, und die nennen wir die Imagination. Die Imagination ist von ganz anderem Charakter als die Sensation mit ihren festen Vorstellungen. Diese Imagination ist jene Erkenntnisart, durch die wir fähig werden, Abläufe, Prozesse, Bewegungsvorgänge unterschiedlicher Art zu erfassen, das heißt also, erkennend einzutauchen in diejenige Welt, die wir die Welt des Äthers, der Lebensbildekräfte nennen. Im Bereich der Sensation haben unsere Vorstellungen statischen Charakter. Wir haben ein Stück Kreide und schauen es an, wir wenden den Blick weg, die Vorstellung des Stückes Kreide bleibt, wir schauen wieder hin, die Kreide liegt da, wie wir sie sahen, unsere Vorstellung kann bleiben.

Ganz anders ist es, wenn wir hineinkommen in die ätherische Welt. Nichts ist in Ruhe, alles ist in Fluß und in Bewegung. Abläufe charakterisieren dort die Tatsachenwelt. Unser Bewußtsein muß fähig sein, muß sich fähig gemacht haben, Abläufen zu folgen, Prozesse mitzumachen und diese Prozesse dann, um sie festzuhalten, in Bildzusammenhängen zu beschreiben. Diese Bildzusammenhänge nennt man Imaginationen.

Im Augenblick wollen wir von der Tatsache absehen, daß darüber zwei höhere Schichten liegen, die Inspiration und die eigentliche spirituelle Intuition, die vierte Erkenntnisart. Jene oberen Erkenntnisarten haben den Charakter völliger Sinnenfreiheit, einer völligen Losgelöstheit vom Räumlichen und Zeitlichen der Welt, ein, so möchte man sagen, *Innewohnen* in dem, was das Innerste der geistigen Wesenheiten in der Intuition und ihren Geistbeziehungen zueinander in der Inspiration ist.

Der Vorstoß zur Imagination ist ein ganz individueller. Je höher ich mit der Gedankentätigkeit im Bereich der Sensation aufsteige, um dann in den Bereich der Imagination vorzustoßen, um so individueller wird meine Gedankentätigkeit, muß sie werden. Auf der untersten Ebene der Sensation bin ich im Bereich allgemeingültiger Wahrheiten. Ich kann denken, zwei mal zwei ist vier, wir alle denken, zwei mal zwei ist vier – es ist immer das gleiche. Indem ich aber anfange, in die Gedankentätigkeit ein bewertendes, ein moralisches Element hereinzubringen, ein ästhetisches Element, abwägende Elemente, beginnt mein Denken, sich zu individualisieren. Wenn ich an den Rand des Imaginativen komme – man kann da vielerlei Übungen machen –, muß ich meine Imaginationen selbst gestalten.

Eine Tatsache, die immer übersehen wird, ist: Kein Mensch kann einem anderen Imaginationen vermitteln oder dessen Imaginationen übernehmen. Die Imagination ist eine ganz individuelle, persönliche Angelegenheit.

Da die Anthroposophie in ihrem Wahrheitsgehalt sich uns in dem Maße erschließt, in dem wir schon im denkenden Erleben durch das Studium uns der Welt der Imagination nähern und aus der Welt der Imagination Gesetzmäßigkeiten in unser Denken hineinleuchten, wird deutlich, warum das «Studium»[3] der Anthroposophie, das in der «Geheimwissenschaft» von Rudolf Steiner nicht ohne Grund als die erste Stufe der Einweihung beschrieben wird, ganz individuell ist und ganz individuell sein muß.

Man könnte sich vorstellen, daß jemand sagt: Aber um Himmels willen, wo bleibt da die Objektivität? Die Menschheit verbindet sich doch gerade durch die Tatsache, daß über die Erde hin zwei mal zwei vier ist. Wie soll denn das jetzt sein, wenn im Geistigen überall ein individuelles Element auftaucht? Wo bleibt die Wahrheit? Sind da nicht dem Irrtum Tür und Tor geöffnet?

Dem Irrtum sind bekanntlich auch im physischen Bereich Tür und Tor geöffnet. Die Irrtumsmöglichkeiten sind auf jeder Ebene gegeben und müssen auf jeder Ebene auf die der Ebene gemäße Art und Weise überwunden werden. Das Individuellwerden hängt damit zusammen, daß es nur in der physischen Welt Tatsachen gibt. Mit dem Eintritt in die imaginative Welt ist die Erkenntnis verbunden: Es gibt nur Wesen in der Welt der Wirklichkeit. Die physische Welt erscheint wie konstituiert durch objektive Tatsachen, und zwar um unserer Freiheit willen. Diese Welt, die ja, wie die Alten sagten, in Wirklichkeit eine Majawelt ist, erscheint uns als tote Gegenstandswelt, damit wir, uns abstoßend an dieser toten Gegenstandswelt, zum Selbstbewußtsein, zum individuellen Bewußtsein erwachen können.

Aber wenn wir dann mit diesem individuellen Bewußtsein, erst denkend, dann erlebend, uns der geistigen Welt nähern, stellen wir fest: Die Wirklichkeit der Welt besteht aus Wesen, höheren und niederen Wesen, und den Beziehungen dieser Wesen zueinander.

Das alles haben wir zu bedenken, wenn wir uns einem scheinbar ganz simplen Tatbestand zuwenden. Wenn wir die Biographie eines Menschen betrachten, weil wir ihm später helfen wollen oder zunächst um überhaupt das Wesen der Biographie zu verstehen, dann sehen wir, wie diese Biographie auch aus dem Geschichtsstrom, dem historischen Strom konstituiert ist, in dem sie steht. Wir übersehen das häufig, daß die Biographie eines Menschen des zwanzigsten Jahrhunderts gar nicht hineingepaßt hätte in das vierzehnte Jahrhundert und daß die Biographie eines Menschen des vierzehnten Jahrhunderts in der Gegenwart absurd wäre. Sie wäre sozusagen nicht lebensfähig. Die Bauelemente unserer Biographie rekrutieren sich aus den allgemeinen Bauelementen des gegenwärtigen geschichtlichen Ablaufes.

Wenn man das Wort vergleichsweise benutzt und nicht preßt, dann könnte man sagen: Auch die Zeitalter haben ihre Biographie. Wir sprechen von der Biographie gleichsam des Mittelalters als wie von einem großen Wesen, sprechen vielleicht von kleineren Untergruppierungen – die Biographie des Barock, der Renaissance, des Rokoko – oder sagen schlicht der Zahl nach, wiewohl das ja nicht immer genau stimmen muß, die Biographie des zwanzigsten Jahrhunderts.

Und damit können wir uns der Tatsache zuwenden, die sich bei genauerer Betrachtung ergibt: Es sind geistige Wesen, die die großen historischen Abschnitte prägen – *Zeitgeister*. Dieses Wort wird ja auch gerne in der allgemeinen Kulturhistorik und Geschichte benutzt, nur daß man es dort ganz abstrakt benutzt, während man in der Anthroposophie sehr konkret davon spricht, daß bestimmte Wesenheiten für bestimmte Zeiträume prägend wirken.

Rudolf Steiner entwickelt eine ganz bestimmte Anschauung davon, wer der gegenwärtige Zeitgeist ist,[4] überhaupt von dem, was als Zeitgeistwirkung durch die Geschichte hindurch sich gestaltet.[5] Dabei tritt zunächst folgendes auf. Man schaut auf den Zeitverlauf etwa der Gegenwart und sagt sich: Die Gegenwart ist im größeren durch einen ganz bestimmten Zeitgeist geprägt. Wir sprechen hier von dem Zeitgeist Michael. Und man sagt dann auch entsprechend, dieses Zeitgeistwirken hat sich langsam nach und nach entfaltet, wird zu einem Höhepunkt kommen, und dann wird das Zeitgeistwirken wieder zurücktreten. Langsam tritt also dasjenige, was gegenwärtige Zeitsignatur ist, auf, wird stärker, markanter, signifikanter, um dann wieder zurückzutreten und einem nächsten Zeitgeist Platz zu machen, so wie der vorhergehende Zeitgeist auch seinen Höhepunkt hatte und nach diesem Höhepunkt noch gleichsam auslief in das gegenwärtige Zeitalter hinein, so wie der kommende Zeitgeist beginnt, jetzt schon wirksam zu werden, um einen Höhepunkt dann in späteren Jahrhunderten zu finden.

Wir sprechen davon, daß diese gegenwärtige Zeit dadurch charakterisiert ist, daß die Geistwesenheit, die im allgemeinen mit der Sonne verbunden ist – man sagt in der christlichen Terminologie als Erzengel –, dieses Zeitalter gestaltet, etwa vom Jahre 1879 an, und wie vorher ein ganz anderer Erzengel wirksam war, der des Mondes, Gabriel.[6] In der ganzen Zeit, in der der Mondengeist Gabriel wirksam war, waren die ganze Kultur und Zeit von dem beherrscht, was die Vererbungskräfte des Leibes sind. Alle Bluts- und Nationalzusammenhänge spielten eine ausschlaggebende Rolle nicht nur für das allgemeine Kulturgeschehen, auch als Bausteine für die einzelne Biographie.

Mit dem Aufkommen des Michaelzeitalters ändert sich das. Das blutsmäßig Tendierende, Nationale, Völkische,

Ständische, das Gegliedertsein der Menschen in Männliches und Weibliches, alles das tritt zurück, und es beginnt eine Ordnung der Menschen untereinander aufzusteigen nach allgemein menschlichen, man sagt auch gerne, kosmopolitischen Gesichtspunkten. Die Biographien der Menschen, die aus dem Geistigen heraus in dieses Zeitalter hineinkonstituiert werden, nehmen die Bausteine aus den allgemeinen Kulturgegebenheiten. Ein Leben im achtzehnten, im neunzehnten Jahrhundert baute sich auf eine Biographie nach den vorherrschenden Gesichtspunkten des Völkischen, der Nation, der Vererbungs-, der Familien-, Stammes- und Clanzusammenhänge und so weiter. Eine Biographie, die aus dem Geistigen in das ausgehende zwanzigste Jahrhundert hineinkonzipiert ist, läßt bereits diese Bausteine weg, rechnet damit, daß die Biographie in einer Zeit abläuft, in der ganz andere, allgemein menschliche Gesichtspunkte sich geltend machen.

Nun ist es einerseits so, daß aus einer alten Zeit noch ein Nachlaufendes hereinwirkt, und die alten Sozialarbeiter, die sozusagen schon anthroposophische Haare auf den Zähnen haben, sagen dann eben gelassen: Das sind ja noch ganz gabrielische Verhältnisse, mit denen ich mich auseinandersetzen muß. Ein Familien- oder Eheproblem kann zum Beispiel darin bestehen, daß gabrielische *Nachzüglerimpulse* sich mit michaelischen Impulsen in den Haaren liegen. Auf der anderen Seite sehen wir aber auch schon etwas hereinwirken, was erst in zwei, drei Jahrhunderten kommen wird, wo der Erzengel des Saturn, Oriphiel, eine große, kulturbestimmende Wirkung ausüben wird. Und so sieht man, wenn man in der jetzigen Zeit vor einer Biographie steht, wie die Biographie aus den Zeitverhältnissen heraus konstituiert ist, wie das zusammenfassende Ideal des Engels im Astralleib, das die drei Ideale umgreift,[7] dasjenige ist, daß der Mensch eigentlich in all seinen Handlungen einen michaelischen Charakter anstrebt.

Störend zeigt sich auf der einen Seite alles, was noch aus alten Bluts-, Vererbungs- und Stammeszusammenhängen kommt. Auf der anderen Seite beginnen, fast etwas unheimlich, allererste Oriphielwirkungen. Oriphiel ist ein Erzengel, der ahrimanischen Kräften sehr verwandt ist, sich ihnen verwandt gemacht hat. Er will die Menschen in das Untersinnliche einbinden.

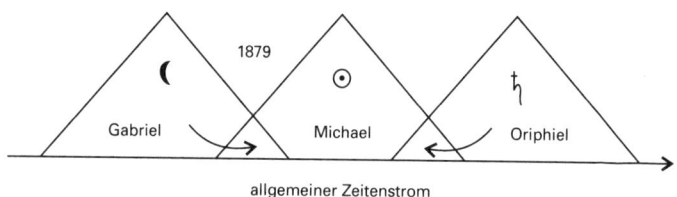

Nun ist es leider nicht so, daß es bei diesen drei Momenten bliebe, daß da nur hereinwirken würde etwas Veraltetes aus der gabrielischen Zeit, schon etwas hereinleuchtet aus der Oriphielzeit, und die Zeit selber im wesentlichen vom Michaelischen bestimmt ist. Es wirkt, was man auch aus der allgemeinen Geschichtsbetrachtung weiß, in der Gegenwart die ganze Vergangenheit nach. Kulturpessimisten sprechen sogar davon, daß wir eigentlich immer noch im Mittelalter leben und die wirkliche neue Zeit nur da oder dort sich durchsetzt. Wie viele Gepflogenheiten im religiösen Leben, im berufsständischen Leben, in den Gilden und Zünften – in der Schweiz kann man ein Lied davon singen – sind noch ganz mittelalterlicher Struktur, haben über-

80

haupt nichts mit der gegenwärtigen Zeit zu tun! Man kennt die Tatsache, daß nicht nur in die gegenwärtige Zeit, sondern auch in die Biographien selber Elemente, Geister früherer Zeiten hineinwirken. Diese Abfolge der Zeitgeister, daß eine Zeitlang – es sind immer etwa dreihundertfünfzig Jahre – Gabriel alles bestimmte, ein Mondencharakter da war, jetzt der Sonnencharakter des Michael nach und nach aufgeht – wir haben über hundert Jahre Michael als Zeitgeist und gehen bald auf die Mitte des Michaelzeitalters zu –, dann Oriphiel kommt, hängt damit zusammen, daß die sieben Planetenerzengel durch die großen Geschichtszeiträume hindurch, sich abwechselnd, jeweils Kulturepochen als Zeitgeister leiten.[8] Von 200 v. Chr. bis 150 n. Chr. herrschte schon einmal Oriphiel als Saturngeist, dann, von 150 n. Chr. bis etwa 500, folgte ein anderer Geist, nämlich Anael, der Herrscher der Venus, von 500 bis 850 kam Zachariel, der Herrscher des Jupiter, von 850 – es verschieben sich die Zeiten etwas – bis 1190 war es Raphael. In das große Raphaelzeitalter fiel manches hinein, was mit den Gralsgeheimnissen zu tun hat. Dieser Rhythmus entspricht der Woche rückwärts gesehen, also Samstag, Freitag, Donnerstag, Mittwoch und so weiter. Jetzt kommt der Erzengel des Mars, Samael, von 1190 bis 1510. Das war ein großes kriegerisches Marszeitalter. In vielen Einzelheiten – das ging bis in die Physiologie hinein und in vieles andere, was wir gar nicht berühren können – herrschte der Erzengel des Mars, Samael. Von 1510 bis 1879 ist Gabriel führend und ab 1879 rund dreihundertfünfzig Jahre Michael.

Es ist nicht gleichgültig, ob jemand in seinem vorigen Leben in diesem oder jenem Zeitraum gelebt hat, verbunden war etwa mit Zachariel oder mit Samael, weil er im Marszeitalter gelebt hat. Diese Verbindung wirkt sich auf das aus, was wir das Leben zwischen dem Tod und einer neuen Geburt nennen.

Mit dem Tode beginnt die Seele, sich von der Erde zu lösen. Die Seele steigt auf, der Leib zerfällt. Auch die niederen Leiber lösen sich auf, der Ätherleib, der Astralleib, aber das eigentliche Kerngebiet des Seelischen mit der Individualität macht einen Sternengang durch.[9] In allen Kulturen war der Sternenweg der Seele bekannt. In der Anthroposophie wird er wieder neu gefaßt, neu erforscht, auch neu durchdacht. Die Seele geht durch die Planeten hindurch, um zu einer neuen Geburt zurückzukehren. Sie geht durch die Monden-, Merkur-, Venus-, Sonnen-, Mars-, Jupiter- und Saturnsphäre hinauf bis zur Weltenmitternacht, um dann wieder durch diese Sphären abzusteigen.

Wenn wir die Saturnsphäre, die Marssphäre sagen, meinen wir eine Welt geistiger Wesenheiten. So ein Durchgang kann tausend, achthundert, zwölfhundert Jahre dauern, manchmal etwas kürzer oder noch länger. Die Seelen verweilen sehr lange in diesen Sternenregionen. Jemand, der in der Marszeit inkarniert war (1190–1510), der vielleicht mit seiner ganzen Biographie in dieser Zeit als Soldat, als Mensch mit Marsberufen besonders verbunden war, der bekommt auch im Nachtodlichen eine besondere Prägung durch diese Marssphäre. Er hält sich besonders lange und besonders gern in dieser Marssphäre auf. Und indem er nun in die nächste Inkarnation hineintaucht, bringt er Marselemente bestimmter Art mit in seine Biographie hinein.

Wir tun im Moment das gleiche, wie wenn wir in Windeseile einen anatomischen Atlas durchblättern. Wir schauen auf unterschiedliche, konstituierende Elemente hin, vielfarbig wie Bilder. Natürlich ist man, wenn man einen anatomischen Atlas durchgeblättert hat, hinterher kein Arzt. Und so ist man auch hier keineswegs ein Kenner dieser Verhältnisse, wenn wir ein solches Durchblättern vornehmen. Es ist ein erstes Aufmerksammachen, mehr nicht.

Wir berühren nun eines der merkwürdigsten Probleme, die mit der Reinkarnation, und damit mit den inneren Geheimnissen der Biographie, zusammenhängen. Dieses Geheimnis taucht mit der Frage auf: Was wirkt denn eigentlich von einer Inkarnation in die andere herüber? Mein ewiger Wesenskern geht da durch, war im Mittelalter inkarniert, ist jetzt inkarniert, war vielleicht noch früher, in der Antike inkarniert – aber was bringe ich eigentlich mit?

Die Antwort darauf ist eines der zentralsten Geheimnisse des Biographischen überhaupt. Es hängt damit zusammen, daß wir, wenn wir auf das Ich schauen, drei intentionale Richtungen dieses Ich erkennen können: eine denkende, eine fühlende und eine wollende Intentionalität. Man beachte: Wir sprechen nicht von Denken, Fühlen und Wollen als den drei bekannten Seelenkräften[10], sondern wir sprechen vom denkenden Ich, also vom Denkanteil, den das Ich hat, vom Fühlensanteil und vom Wollensanteil.[11]

Schauen wir auf eine beliebige vorige Inkarnation und markieren uns die drei Tatbestände, so daß wir sagen (siehe Abb. S. 84 links), mit diesem Kopf sei das Denken des Menschen charakterisiert, mit diesen Wellenlinien für den mittleren Menschen das Fühlen und mit diesen angedeuteten Gliedmaßen das Wollen. Der Mensch steht da also im zwölften Jahrhundert denkend, fühlend, wollend. Dann stirbt er, kommt herüber in diese Inkarnation (Abb. unten Mitte) und ist wieder ein Denkender, ein Fühlender, ein Wollender.

Nun zeigt sich das Geheimnis: Das denkende Ich der vorigen Inkarnation wird zum wollenden Ich dieses Lebens![12] Nach Rudolf Steiner haben wir es hier mit einem «Ergebnis von ungeheurer Tragweite»[13] zu tun.

Das fühlende Ich ist jeweils zeitgebunden. Wie man im Mittelalter fühlte, wie das Ich in der Gegenwart fühlt, das geht nicht weiter. Aber mein jetziges denkendes Ich, das, was ich als Erkenntnisimpulse in meinem Ich in diesem Michaelzeitalter entwickle, das wird wieder herübergehen und wird zum Willen, zum wollenden Ich einer kommenden Inkarnation (siehe Abb. unten rechts).

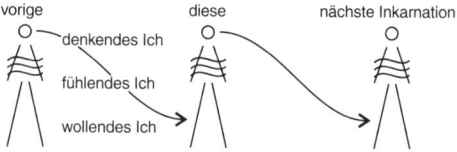

Verdeutlichen wir uns diesen Tatbestand noch etwas. Da lebe ich in der Gegenwart, mein Denken ist eigentlich erst in Entwicklung, *in statu nascendi*. Die Menschen haben manchmal das Gefühl, daß sie noch gar nicht alles richtig durchschauen, sie sind gar nicht richtig da, es bildet sich ununterbrochen erst die Erkenntnis. Erlebend sind sie voll da, so richtig als Mensch des zwanzigsten Jahrhunderts kann man ohne weiteres sich fühlen. Und dann ist da der Wille, und zwar jener Wille, der überall dort regsam wird, wo das Ich tätig ist, nicht der naturhafte Wille der Gliedmaßen. Wo ist denn dieser Wille tätig, wo fängt er an? Er fängt im Denken an!

Wenn wir von der Individualisierung innerhalb des Studiums sprechen, da geht jeder seine eigenen Wege, wie er anfängt, seine Gedanken zu setzen, ob er so oder so denkt – das geht bis in die Mathematik hinein. Gewiß, zwei mal zwei ist vier, aber die Mathematik enthält unendlich viel mehr als nur zwei mal zwei gleich vier. Bei unseren Kollegen von der Mathematisch-Astronomischen Sektion sieht man, die Mathematiker gehen ganz individuell unterschiedliche Wege, den einen interessiert das Geheimnis der Primzahl und was damit zusammenhängt, einen anderen interessieren geometrische Zusammenhänge. Wenn wir auf irgendeinem Gebiete, und je höher und spiritueller es auftritt, um so entscheidender ist dies, uns engagieren, tun wir es mit einem Willen, der eigentlich aus der vergangenen Inkarnation herüberkommt. Unser wollendes Ich dieser Inkarnation ist vielleicht das Ich eines Mönches, der in seiner Zelle gedacht hat, eines Ritters, der auf seinem Pferd gekämpft hat, eines Bauern, der da in Leibeigenschaft auf dem Felde schuften mußte, eines Händlers, eines Adligen, eines Mamelucken oder eines Seeräubers.

Wir berühren hier einen merkwürdigen Inkarnationszusammenhang. Alle Entwicklung wird dadurch möglich, daß durch Diskrepanzen Vorgänge ausgelöst werden. Wenn alles in Harmonie aufeinander abgestimmt wäre, herrschte Bewegungslosigkeit. Durch die Widersprüche des Daseins entsteht die Anspannung, aus der Anspannung die Bewegung und die Weiterentwicklung. Und so liegt diesem ganz einfachen Schema (Abb. S. 84) bereits zugrunde, daß wir in unserer jetzigen Inkarnation eine Diskrepanz bewältigen müssen. Wir sind nicht *bloß* Menschen des zwanzigsten Jahrhunderts. In unserem Denken bereitet sich ein Mensch vielleicht des achtundzwanzigsten oder sechsundzwanzigsten Jahrhunderts vor, in unseren Willen ragt das zwölfte Jahrhundert mit seinen Eigenarten herein, fühlend im Ich, vom Lebensgefühl, vom Existenzgefühl her, sind wir jetzt und hier. Und indem wir das in einen Ausgleich bringen müssen, erleben wir uns in unserer wahren Existenz als Mensch. Überall dort, wo nun Spannungen auftreten, wird die Diskrepanz nicht bewältigt.

Man kann zeigen, wie die zeitgenössische Psychologie, Psychoanalyse und auch viele therapeutische Maßnahmen auf diese Tatbestände stoßen – die ganze Konflikttheorie hat da zum Teil ihren Ursprung –, aber sie haben keine Begriffe dafür. Das ist das große Dilemma der ganzen gegenwärtigen Psychologie, allgemein gesprochen, daß sie dort, wo sie ganz unvoreingenommen die Dinge betrachtet, phänomenologisch auf hochwichtige Tatbestände stößt, aber sie hat keine Begriffe, keine Ideen für die Tatbestände. Und die Gefahr besteht und wird immer größer, daß sie das nicht nur materialistisch, sondern immer mehr nach den Gesichtspunkten interpretiert, wie man sie in der Maschinenwelt, in der Computerwelt, überhaupt in der Welt der untersinnlichen Bereiche kennenlernt.

Was versucht dagegen eine Sozialarbeit, die sich aus den geschilderten Einsichten heraus bildet, zu bewirken? Sie versucht vor allen Dingen, dem Menschen deutlich zu machen, daß in der inneren Individualisierung, man könnte sogar sagen, in der Imaginierung einer Konfliktsituation seine Entwicklungschance liegt.

Doch hier kommt die Mahnung zur Vorsicht, die man immer wieder aussprechen muß. Heute geht bis in die Fernsehwerbung hinein ein Spruch – er geht wirklich um die ganze Welt –: «Wegen möglicher Nebenwirkungen fragen Sie Ihren Apotheker oder Arzt!» Das heißt, die gesamte pharmazeutische Industrie hat sich angewöhnt, von vornherein aufmerksam zu machen, daß dieses Medikament gegen Schnupfen, Grippe und so weiter Nebenwirkungen haben könnte. Das ist freundlich formuliert. Die Wirklichkeit ist, wie die Ärzte wissen, unendlich unbarmherziger. Dreiunddreißig Prozent aller Erkrankungen, werden durch Ärzte und Medikamente erst hervorgerufen. Wir leben in einer Zeit furchtbarster, nicht erkannter Nebenwirkungen. Manchmal sind sie nicht zu vermeiden. Wenn ich einen Menschen durch einen sehr starken Eingriff mit einem Medikament vom Tode rette, weiß ich ganz genau, daß schwere Nebenwirkungen auftreten werden; trotzdem werde ich es tun.

Wie ist das nun in der Sozialarbeit, der Sozialtherapie? Man muß den Mut haben, sich zu fragen: Du tust etwas, du meinst, daß es richtig ist und hilft, was wird es für Nebenwirkungen haben?

Es ist eine ganz allgemeine Frage. Sie betrifft jetzt nicht nur irgendeine bestimmte psychotherapeutische, sozialarbeiterische Methode, sie betrifft unser ganzes Verhalten Menschen gegenüber, muß uns aber im Bereich der Sozialarbeit besonders interessieren.

Eine erste Vorsichtsmaßregel lautet: Was du auch tust, nimm dem anderen Menschen nicht die Chance, selbst individuell eine Imagination seiner Konfliktsituation zu entwickeln. Speise ihn nicht mit *deinen* Erklärungen, speise ihn nicht womöglich mit *deinen* Imaginationen! Lasse ihn die Imagination oder den bildhaften Gedanken selber finden, denn deshalb hat er sich überhaupt inkarniert! Und achte darauf, daß sich, wenn du ihm diese Möglichkeit nimmst, wenn du sein Ich betrügst, indem du ihn mit *deinen* Erklärungen und *deinen* Imaginationen fütterst, als furchtbare Nebenwirkung irgendwann dieses Ich *rächt.*

Das ist etwas, was immer verschwiegen wird, natürlich aus begreiflichen Gründen. Die Leute durchlaufen alle möglichen Gruppenprozesse, machen alle möglichen Wochenendkurse mit, fühlen sich happy durch das, was sie dort erleben. Wer möchte sich nicht gerne einmal auf den Boden schmeißen und ordentlich schreien oder überhaupt erleben, daß ein anderer sich mit einem beschäftigt! Es gibt eine große, geschichtliche Darstellung über die therapeutischen und tiefenpsychologischen Schulen vom Anfang bis in die Gegenwart von einem Professor aus Holland, der feststellt: «Merkwürdig ist, es gibt Hunderte psychotherapeutischer Methoden und Schulen, und sie alle haben Erfolg. Es ist gar nicht so, daß die einen etwas bewirken und die anderen nicht; das würde man ja schnell feststellen. Eigentlich führen alle in irgendeiner Weise zu sogenannten» – er ist so vorsichtig, das in Anführungsstriche zu setzen – «Heilerfolgen». Und dann sagt er: «Woher kommt das? Das kommt daher, daß der Mensch bereits befriedigt ist, wenn man sich überhaupt mit ihm beschäftigt, gleichgültig, mit welcher Methode.»

Da ist etwas Wahres daran, da ist das Erlebnis der Zuwendung, da sind andere Gruppenteilnehmer, man spricht über seine Biographie, fühlt sich aufgehoben, ganz happy geht man nach Hause. Es ist ein bißchen wie bei der Droge. Die Leute müssen dann nach drei, vier Wochen wieder in eine solche Gruppe gehen und immer wieder, man kennt das. Es ist etwas Berechtigtes daran, die soziale Zuwendung wird positiv erlebt. Das Gefährliche aber ist, daß nicht erlebt wird, wie man selbst mit dem Konflikt nicht fertig wird.

Und so schreibt dieser Professor: «Man steht ewig bei all diesen Dingen vor folgender Alternative, entweder man macht den Klienten zu einem Objekt, dann wird man zu einem kalten Studierer seiner Neurosen und Konflikte, oder man wendet sich ihm liebend zu, dann nimmt man ihm die Möglichkeit der Selbstbewältigung, man schützt ihn, man hilft ihm, seine Konflikte zu vertuschen.» Er schildert das sehr ausführlich, sehr einsichtig und umreißt damit die Situation, vor der wir heute im Hinblick auf den Menschen stehen: Was soll der Mensch eigentlich? Und wie kann ich ihm bei dem, was er eigentlich soll und seiner höheren Natur nach auch will, helfen?

Nun hängt mit dem Gang des Menschen durch die Inkarnationen ein weiteres Wichtiges zusammen. Über die Zeitalter hinaus machen sich in den historischen Prozessen höhere Wesenheiten geltend. Durch Jahrtausende hindurch war es so, daß das Denken der Menschen, das, was sie wirklich von der Welt denkend erfuhren, von den Geistern der Form, den Exusiai geleitet und gelenkt war. Dadurch erlebten die Menschen, wenn sie überhaupt dachten, daß die Gedanken etwas Objektives außer ihnen sind, kosmische Intelligenz, wie man in der Anthroposophie sagt. Die Menschen erlebten: Es denkt in mir. Ich fühle mich vom Geist inspiriert. Der Geist spricht objektiv in mir, empfanden die Menschen. Wenn sie auch einfache Gedanken über das Leben hatten, über einfache mechanische Dinge, in Griechenland vielleicht, sagten sie nicht: Jetzt ist mir etwas eingefallen, jetzt habe ich mir etwas ausgedacht, sondern: Es hat mich erleuchtet.

In der an uns angrenzenden geistigen Welt ging ein gewaltiger Umschwung vonstatten. Solche Umschwünge finden immer wieder in Abständen von Jahrtausenden statt, wo sich gleichsam das Schwergewicht der Evolution in bezug auf den Menschen verlagert. Jener Umschwung, der sich etwa im vierten Jahrhundert nach Christi abspielte, war der, daß die Verwaltung der Gedanken von den Geistern der Form, den Elohim, den Exusiai der göttlichen Welt, an die nächsttiefere Hierarchie, die Archai,[14] überging, jene Wesenheiten, die man auch die Geister der Persönlichkeit nennt. Diese Archai, die die eigentlichen großen Zeitgeister sind, die in einer gewissen Weise die Erzengelführungen übergreifen[15] – es gab einen Archai, der rief die ganze griechische Kultur hervor, einen Archai, der die ganze, weit überspannende mittelalterliche Kultur hervorrief –, sind zugleich diejenigen, die uns fähig machen, Persönlichkeitswesen zu sein. Jener Umschwung bewirkte, daß vom vierten Jahrhundert an nach und nach – es brauchte ein ganzes Jahrtausend Anlauf dazu – der Mensch begann, die Gedanken als seine *eigenen* zu gestalten und zu formen.

Heute ist diese Archaiwirkung auf einen notwendigen, berechtigten Höhepunkt gekommen. Der Mensch empfindet sein Denken und seine Erkenntnis als sein Eigentum: Meine Gedanken! Meine Erkenntnis! Meine individuelle Art, etwas zu erkennen! Meine individuelle Art, erkennend mit einem Lebensproblem fertig zu werden!

Nun finden wir in der geistigen Welt immer auch das Abweichen von Wesenheiten. Das hat gute Gründe! Es müssen Wesen zurückbleiben, zu Widersachermächten werden, damit Entwicklung möglich ist. Und so sind bestimmte Exusiaiwesen dadurch zurückgeblieben, daß sie die Gedankenwelt nicht an die Archai übergeben haben. Sie haben sozusagen Teile der Gedankenwelt für sich zurückbehalten. Das war nicht regulär! Die Exusiai sollten das ganze kosmische Denken abgeben, es sollte von den Archai den Menschen als Eigendenken zugeleitet werden. Es sind Exusiaiwesen mit diesem Denken zurückgeblieben, und auch sie kommen in der Gegenwart zur Wirksamkeit, machen sich geltend, wenn der Mensch sich in seinem Denken auf den Vererbungsstrom, auf Volks- und Stammeszusammenhänge abstützt.

Sie wirken überall dort, wo der Mensch sich auf Zusammenhänge stützen will, die nicht individuell, sondern allgemein sind, auf Leibeszusammenhänge, Ideologien. Sie wirken in allem, was nationaler Chauvinismus ist.[16]

So sehen wir in dieses Jahrhundert eine Neben-, eine Fehlentwicklung hereinbrechen, die jetzt wieder zu eskalieren beginnt, die Verbindung von Ideologie und chauvinistischem Nationalismus. Die Menschen werden von dieser Abweichung gerade in dem Augenblick ihrer Biographie ergriffen, wo sie sich zu einem selbständigen, individuellen Denken durchringen sollten, und das ist im dritten Jahrsiebent.

Hinter der ganzen rechtsradikalen Bewegung, hinter den *Skinheads*, hinter alledem, was da eben mit vierzehn, fünfzehn, sechzehn Jahren beginnt, stecken zurückgebliebene Exusiai. Das sind große Mächte, denen man da begegnet, wenn man solche Biographien anschaut, das sind nicht individuelle Irrtümer. Gerade in jenem Zeitabschnitt, in dem der Mensch – so ab dem vierzehnten, fünfzehnten Lebensjahr – beginnen sollte, auf rechtmäßige Art, wie die Archai es wollen, sein Eigendenken zu entwickeln, auch mit allen Eigenwilligkeiten, die im dritten Jahrsiebent auftauchen, da plötzlich kann, wenn das Karma es so veranlagt hat – die Sache kommt herüber aus der Vergangenheit –, der Mensch nicht ein persönliches Denken entwickeln, sondern schmeißt sich in eine Ideologie hinein, die in irgendeiner Weise leibesgestützt ist.[17] Es sind die gleichen Vorgänge, die auftreten, wenn Jugendliche vom Fundamentalismus einer der Hochkirchen oder von diesem doppelt verzerrten Fundamentalismus, wie er in Jugendsekten und so weiter auftaucht, ergriffen werden. Es ist eine eigentümliche Besessenheit. Felicitas Vogt[18] hat das ja in ihrem Buch gezeigt. Man kann mit denen nicht reden oder argumentieren, sie sind wirklich besetzt, das ist ja das Furchtbare. Man kann sich nicht mit *Skinheads* argumentativ auseinandersetzen. Es hat jetzt mehrfach große Fernsehsendungen gegeben, wo man junge Leute eingeladen hat, die sich ganz offen zu einem rechtsradikalen Nationalismus bekennen. Da sehen wir nette, junge Gesichter, frische, junge Mädchen, sechzehn, siebzehn Jahre, die glatt zu einer schwarzen Teilnehmerin sagen: Sie sind doch kein Mensch! Es ist doch ganz klar, daß Sie kein Mensch sind! Man bemerkt plötzlich: Die sehen aus wie die jungen Engel, und sie reden wie Satan. Man erlebt die Besetztheit, eine zeitgenössische Besetztheit von großen Geschichtsmächten.

Alle diese Dinge sollen Anregungen geben, eine Biographie so zu verstehen, daß man sieht, das Karma, das diese

Biographie gestaltet hat, stellt sich einerseits in das allgemeine geistige Gefüge der Gegenwart hinein, aber es sucht andererseits in diesem Gefüge auch die Diskrepanz, um an ihr das Eigenwesen zu entwickeln.

Nehmen wir zum Beispiel eine Individualität, die irgendwo friedlich als Dominikanermönch oder noch besser, als Kartäuser lebte, der in seiner Zelle sitzt, liest, die Welt ausgeschlossen hat – das war ja der Sinn der Klausur, des Klosters, nicht daß keiner herauskonnte, sondern daß keiner hineinkonnte –, er sitzt also friedlich, meditiert, bestellt sein Gärtlein und so weiter. Nun stirbt er und wird im nächsten Leben in einen Lastwagenfahrer hineinversetzt in *Castrop-Rauxel* im Ruhrgebiet. Er geht mit seinem Mönchsgemüt in ein großstädtisches, technisches, vielleicht sogar etwas unkulturelles Leben. Warum? Weil er dadurch innerlich Spannungen erlebt. Das Gemüt kommt herüber, die Welt ist eine andere, und jetzt muß er mit diesen Spannungen leben. Er sucht die Spannungen auf, um sich weiterentwickeln zu können, um ein neuer Mensch zu werden. Er will doch nicht der alte bleiben. Wir alle wollen nicht die alten bleiben. Was nutzt es denn, wenn der Pirat, der Seeräuber wieder Pirat, Seeräuber wird? Man hat zwar manchmal den Eindruck, das ist bei modernen Bankiers nicht so sehr unterschiedlich, aber dadurch ergibt sich ja nichts!

Wenn wir in eine Biographie hineinschauen, müssen wir uns immer sagen: Gerade die schweren Diskrepanzen, die schweren Spannungen hat der Mensch gesucht, die will er ausleben, will er bewältigen, weil er nur dadurch den Schritt vom Mittelalter in die Gegenwart herein machen kann. Was wäre, würde er einfach in eine Hülle hineinrutschen, was man sich ja vorstellen kann? Da ist eine Vererbungshülle, zum Beispiel ein Ruhrkumpel – Vater und Großvater waren schon Kumpel, die Mutter kommt aus dem Milieu –, da inkarniert sich einer herein, der war ein zarter Mönch oder vielleicht ein Yogi in Indien, und er sackt einfach nur hinein in diese Leiblichkeit. Diese Kumpelleiblichkeit bestimmt alles, er sitzt sozusagen nur darinnen. Das passiert übrigens auch. Wir schildern hier die regulären Fälle, die Konfliktfälle sind die regulären Fälle. Es könnte sein, daß er da ganz schwächlich drinnen sitzt, die Hüllennatur lebt sich aus, und er würde als Individualität nicht weiterkommen. Erst dadurch, daß er die Diskrepanz zwischen dem Innenwesen und dieser ganz anderen, neuen Welt erlebt – das stellt sich natürlich ganz geistig innerlich dar in feinen, man könnte auch sagen, unterbewußten Vorgängen – und sie nach und nach bewältigt, wandelt er sich selbst von einem Menschen des zwölften zu einem Menschen des zwanzigsten Jahrhunderts.

Eine Frage, auf die man immer wieder bei der Biographiearbeit oder bei der Sozialarbeit stößt, ist: Wie helfe ich dem Klienten, ein wirklicher Zeitgenosse zu werden? Rudolf Steiner macht darauf aufmerksam, daß Jugendliche, die dauernd ausbrechen, auf Trebe gehen, unterwegs auf Landstraßen sind, eigentlich nicht in die Zeit hineingehören. Sie fühlen sich fremd.[19] Zum Teil begehen diese Menschen Straftaten, um im Gefängnis wieder in der Zelle zu sein, sich auszuschließen, ein durchaus beobachtbarer Vorgang. Wenn man jemals in Strafvollzugsanstalten gearbeitet hat, dann kennt man den Typus, der im Grunde genommen im Gefängnis ganz zufrieden ist: Er will nicht hinaus in die Welt – etwa der ganz alte Knastbruder, der sozusagen mit einer gewissen Sorge darauf hinblickt, daß er eines Tages entlassen werden könnte.

Alles, was um diese Geheimnisse kreist, muß ein dauerndes Moment der Aufmerksamkeit bleiben. Erst dann kann man ein weiteres Gebiet von Wesenswirkungen verstehen, jenes Gebiet der mit den Menschen verbundenen, die Menschen umhüllenden Elementarwesen.[20]

Das ist wieder etwas, was dem Gegenwartsmenschen, der besonnen sein will, die allergrößten Schwierigkeiten macht. Auf der einen Seite sagt er sich: Ja natürlich, genauso wie alle Religionen von Göttern gesprochen haben, von Teufeln und Dämonen, so hat man natürlich in allen Religionen immer von diesen elementarischen Wesen gesprochen. Jeder Europäer kennt die entsprechenden Verbildlichungen der Zwerge, Nymphen, Undinen, Salamander, Kobolde und so weiter. Aber, sagt der moderne Mensch, das war ja Aberglaube, das ist etwas, was wir glücklich überwunden haben; jetzt gibt es keine Zwerge mehr. Richtig ist, wenn man sagt, diese Art der Verbildlichung ist, genau wie die kitschigen Engeldarstellungen, eine Frucht des materialistischen neunzehnten Jahrhunderts.

Die Alten – und damit meine ich noch das Mittelalter – hatten wirklich eine ganz andere Vorstellung, was da an elementarischer Beweglichkeit um den Menschen herum waltet, was im Hause, in der Natur waltet, was an einerseits neutraler, andererseits zum Guten oder auch zum Bösen tendierender Prozessualität um den Menschen ist. Das Entscheidende ist, es handelt sich bei diesen Wesen eben nicht um Wesen, die so vorzustellen sind, wie Körperlichkeit vorzustellen ist, sondern sie gehören allesamt der Stufe an, die nur durch die Imagination erfaßt werden kann. Es sind selbstbewußte Prozessualitäten in der Umgebung des Menschen, und zwar in einer dreifachen Art.

Da sind zunächst – ich bleibe selbstverständlich bei dem Ausdruck – die Naturwesen. Wenn man in Dornach auf diesem Kalk mit dieser ganz bestimmten Vegetation lebt, ist man natürlich von anderen Elementarwesen umgeben, als wenn man in den Schwarzwald herübergeht, auf den Granit mit seinen ganz anderen Tannen- und Waldbeständen, dort findet man eine andere Wesensart. Wo der Mensch lebt, ist er nicht nur von allgemeinen Naturwesen umgeben, sondern immer auch von ganz besonderen. Und seine eigene, innere, übersinnliche Natur korrespondiert ununterbrochen mit diesen Elementarwesen.

Abstrakt-materialistisch sagen wir: Wir sind ein Mensch der festen Körperlichkeit, wir sind ein Wassermensch, ein Luftmensch, ein Wärmemensch. Spirituell, korrekt gesehen, muß man sagen: In die Wärme spielen ununterbrochen bestimmte elementarische Wesen hinein – Salamanderwesen; in den Luftstrom spielen ununterbrochen Luftwesen hinein – Sylphen; in das Wasserwesen, das uns beim Schwitzen oder sonstwie als unser Wasserhaushalt bewußt wird, spielen undinenähnliche Elementarwesen hinein. Das sind nicht nur die schönen Damen mit dem Nixenschwanz, die im Wasser spielen, sondern sie sind überall in unterschiedlicher Konfiguration. Und überall dort, wo wir an das Feste stoßen, stoßen wir an den Bereich der Gnomen.

Indem wir mit diesen Naturwesen dadurch korrespondieren, daß wir überhaupt, in der Welt stehend, handeln, erzeugen wir menschenähnliche oder vom Menschen abhängige Elementarwesen. Das ist zunächst eine sehr schwere Vorstellung, und doch ist sie unendlich weitreichend, wenn ich mir bei bestimmten Biographien Abweichungen verständnisvoll ansehen will.

Indem der Mensch in irgendeiner Weise handelt, erzeugt er ununterbrochen Elementarwesen einer zweiten Art. Jedes Wort bringt Elementarwesen hervor. Aber wir schreiten in der Zeit weiter, und die Elementarwesen leben in der Zeit, sie bleiben in der Zeit zurück. Das Elementarwesen, das durch meine Worte entsteht, ist jetzt schon vorbei. Deshalb kommt Rudolf Steiner zu dem etwas seltsamen Bild: Jeder Mensch zieht eine ungeheuere Schleppe von Elementarwesen hinter sich her, die er ununterbrochen durch Denken, Fühlen und Wollen erzeugt. Das ist normal. Wir könnten auch ganz einfach sagen: Indem wir denken, fühlen, sprechen, handeln, verändern wir die elementarische Welt. Aber in der elementarischen Welt gibt es keine Tatbestände, sondern nur Wesen. Durch unsere Tätigkeit sind wir ununterbrochen, Wesen schaffend, in dieser elementarischen Welt.

Die dritte Art von Elementarwesen kommt aus dem unterphysischen Bereich. Es sind die Elementarwesen, die überhaupt erst in die neuere Menschheitsgeschichte hineingekommen sind, einerseits durch das Maschinenwesen und andererseits durch das elektronische Wesen.

Das sind drei Arten von Elementarwesen. In ihre Daseinsbereiche greift der Mensch durch sein Handeln moralisch oder amoralisch ein. Ein Mensch, der dauernd lügt, erzeugt lügenhafte Elementarwesen, die objektiv da sind. Er kann zwar sagen, die Lüge ist vorbei, ich habe alles wieder richtiggestellt; das Wesen aber, das durch die Lüge entstanden ist, ist da. Ein Mensch, der viel stiehlt, erzeugt

Wesen, kleptomanische Elementarwesen. Und nun kommt das, was viele kennen: Diese elementarischen Wesen ergreifen den Menschen. Wer jemals mit Dieben oder wirklichen Kleptomanen zu tun hatte, weiß, daß sie umschwirrt sind von solchen Wesen. Die Kunst des Sozialarbeiters besteht darin, ihnen Hilfen zu geben, damit sie solche Wesen loswerden oder wandeln können.

Wir schauen hier von der Stimmung her in einen ganz anderen Bereich hinein. Der Engel weist auf die großen Ziele meines Lebens, der Doppelgänger versucht, mich in die Leiblichkeit hineinzuziehen, Luzifer und Ahriman sind die objektiven Mächte der Abirrung ins Physische oder Geistige, und dazu kommt dann die ganz persönliche Elementarwesenswelt, die sehr eng mit dem Menschen verbunden ist.

Für die ganze Arbeit des Sozialarbeiters ist wichtig: Durch jede künstlerische Tätigkeit entstehen Elementarwesen, die dem Menschen helfen, beim Musizieren, Malen, Plastizieren, bei der Eurythmie. Es sind Wesen, die der Mensch jetzt zu Hilfe rufen kann, wenn er solche negativen Elementarwesen wandeln und veredeln will. Was machen wir, wenn wir malen? Wir veredeln die Farbe. Wir benutzen das Rot, das Blau und das Gelb, lassen das Grün entstehen und bringen auf einem Blatt einen höheren Zusammenhang hervor. Indem wir das tun, haben wir als physisches Ergebnis das bemalte Blatt, und wir haben in der Elementarwesenswelt Wesen geschaffen, die sozusagen animiert wurden, ein Niederes in ein Höheres zu verwandeln. Das ist gemeint, wenn wir davon sprechen, daß alle Sozialarbeit der Kunst bedarf, daß man überhaupt keine Sozialarbeit machen kann, wenn man nicht ein künstlerischer Mensch ist. Man kann eigentlich keine Biographiearbeit machen, ohne die Frage zu stellen: Wie steht die Biographie dieses Menschen zum künstlerischen Tun? Wie hängt seine Biographie mit künstlerischen Impulsen zusammen?

Die Aufgabe der Kunst ist die Wandlung der Welt. Die Erde wird dann an ihr Ende gekommen sein, wenn jedes Atom der Erde einmal durch ein Kunstwerk durchgegangen sein wird. Mit jedem Kunstwerk prägen wir der betreffenden Stofflichkeit, auch dem Wort, der Musik und so weiter, etwas ein, was nicht verlorengeht.

Wie arbeitet der Sozialarbeiter mit seinem Engel, mit seinem Doppelgänger, mit seinen Dämonen, mit seinen Elementarwesen so, daß ein Positives entsteht?

Die Kunst bewirkt die große Wandlung der Welt. Deshalb sagt *Goethe:*

«Wer Wissenschaft und Kunst besitzt,
Hat auch Religion;
Wer jene beiden nicht besitzt,
Der habe Religion.»[21]

«Der *habe* Religion» ist gleichsam eine Begütigung. Wer sich nicht zur Erkenntnis und zur künstlerischen Gestaltung der Welt durchringen kann, der muß noch mit den alten religiösen Kräften leben. Aber der Blick nach vorne heißt: Erkenne die Welt, erkenne die Biographie des Menschen in ihren großen kosmischen Geheimnissen, und erwerbe dir an der Kunst die Fähigkeit, ein Niederes in ein Höheres zu wandeln. Wenn du das beides zusammennimmst, dann stehst du der Biographie des Menschen mit religiösem Erleben gegenüber.

IV. Wesenheiten im Sozialbereich – die Beziehung des Sozialarbeiters zu ihnen

Am Beginn unserer Beschäftigung mit der Sozialarbeit am Goetheanum etwa im Jahre 1980, als wir anfingen, in der Arbeit neue Schwerpunkte zu setzen,[1] schlug ich vor, den Ausdruck «Sozialarbeiter» durch «Biographiehelfer» zu ersetzen. Damals waren die Tagungen aufgrund der Zusammensetzung der Teilnehmer sehr stark durch Fragen und Problemstellungen aus den Bereichen des Strafvollzugs und der Nachversorgung und Betreuung von Strafentlassenen geprägt. Eine ganze Reihe von Leitern großer Strafvollzugsanstalten nahmen daran teil ebenso wie beispielsweise die Begründerin der «Hilfe für Strafentlassene» in Norddeutschland und Skandinavien. Durch diese Teilnehmer kam ganz stark die Problematik eines Begriffs herein, der auch heute noch nicht überwunden ist, und das ist der Begriff der *Resozialisierung.*

An den ganzen Strafvollzug, aber auch bei Aufträgen an Sozialarbeiter in anderen Bereichen, insofern sie im Auftrage der Gesellschaft tätig waren, wurde die Forderung gestellt, den betreffenden Klienten, den Straftäter, wieder zu *re*-sozialisieren. Wir kamen sehr bald bei der Untersuchung dieser Forderung darauf, daß hier von einer ganz bestimmten Auffassung des Menschen ausgegangen wird. Es ist die

Auffassung, es gibt da einen Entwicklungsstrom des normalen, des im sozialen Rahmen, bürgerlich und nach Gesetzen lebenden Menschen. Aus einem solchen normalen Entwicklungsstrom fällt nun jemand heraus, sei es als Straftäter, als Nichtseßhafter und so weiter. Er wird asozial, er lebt sich aus dem, wovon man meint, es sei der normale soziale Rahmen, heraus. Die Aufgabe der Sozialarbeit in ihren jeweiligen konkreten Arbeitsfeldern, zum Beispiel Strafvollzug, Drogenhilfe, ist es, den Betreffenden wieder zurückzubringen, ihn zu resozialisieren, ihn wieder einzubinden in den Strom allgemeinen Menschentums.

Wir mußten uns damals schon sagen, dem liegt ein nicht mehr zeitgemäßes Menschenbild zugrunde, nicht ein ganz falsches, sondern ein nicht mehr zeitgemäßes. Hier wird eine Auffassung vertreten, wie sie zwar durch Jahrtausende hindurch richtig war, daß nämlich das Maß des Menschen durch die Normen und Regeln der Gemeinschaft geprägt wird, aber dieses Bild ist erloschen. Dahinter verbirgt sich eines der beiden großen Sozialgesetze, auf die Rudolf Steiner hinweist. Das eine ist das «soziale Hauptgesetz»[2], demzufolge Arbeit nicht bezahlbar ist, so daß man immer für andere arbeitet und aus den Erträgnissen der anderen oder des Ganzen lebt. Das zweite ist das «soziologische Grundgesetz», weniger geläufig, aber eigentlich noch viel wichtiger. Es findet sich in dem Aufsatz «Freiheit und Gesellschaft», den Rudolf Steiner für das «Magazin für Literatur» geschrieben hat, und lautet:

«Die Menschheit strebt im Anfange der Kulturzustände nach Entstehung sozialer Verbände; dem Interesse dieser Verbände wird zunächst das Interesse des Individuums geopfert; die weitere Entwicklung führt zur Befreiung des

Individuums von dem Interesse der Verbände und zur freien Entfaltung der Bedürfnisse und Kräfte des Einzelnen.»[3]

Damit dreht sich die ganze Geschichte um. Während früher der einzelne sich der Gemeinschaft unterzuordnen hatte, gilt heute mehr und mehr der Satz: Die Gemeinschaft, der Staat, hat sich den Bedürfnissen der Individualitäten anzupassen. Die ganze Auffassung von der Emanzipation des Menschen in der neueren Zeit steht damit in Zusammenhang.

Eine zweite Belegstelle dazu, die man immer wieder gerne mit hereinnehmen möchte, ist der Ur- und Anfangsgedanke der Schrift «Die Philosophie der Freiheit». Da heißt es in der Erstausgabe:

«Ich glaube einen Grundzug unseres Zeitalters richtig zu treffen, wenn ich sage: der Kultus des menschlichen Individuums strebt gegenwärtig dahin, Mittelpunkt aller Lebensinteressen zu werden.»

Der zweite Satz lautet:

«Mit Energie wird die Überwindung jeder wie immer gearteten – Autorität erstrebt.»

Das erste antiautoritäre Buch der neueren Zeit erschien 1894 – Die «Philosophie der Freiheit». Dort heißt es weiter:

«Was gelten soll, muß seinen Ursprung in den Wurzeln der Individualität haben. Abgewiesen wird alles, was die volle Entfaltung der Kräfte des Einzelnen hemmt. ‹*Ein jeglicher muß seinen Helden wählen, dem er die Wege zum Olymp hinauf sich nacharbeitet*›, gilt nicht mehr für uns. Wir lassen uns keine Ideale aufdrängen; wir sind überzeugt, daß in jedem von uns etwas lebt, das edel ist und wert, zur Entwicklung zu kommen, wenn wir nur tief genug, bis in den Grund unseres Wesens, hinabzusteigen vermögen. Wir glauben nicht mehr daran, daß es einen Normalmenschen giebt, zu dem *alle* hinstreben sollen. Unsere Anschauung von der Vollkommenheit des Ganzen ist die, daß es auf der besonderen Vollkommenheit jedes einzelnen Individuums beruht. Nicht das, was jeder andere *auch* kann, wollen wir hervorbringen, sondern, was nach der Eigentümlichkeit unseres Wesens nur uns möglich ist, soll als unser Scherflein der Weltentwicklung einverleibt werden.»[4]

Die große Hymne des individuellen Menschen hebt an, bevor dann die Untersuchung ganz philosophisch und erkenntnistheoretisch wird.

Deshalb haben wir uns in der Auseinandersetzung mit dem Begriff «Resozialisierung» sagen müssen: Es gibt den «Normalmenschen» und die «Normalgesellschaft», in die hinein der Herausgefallene resozialisiert werden kann, nicht. Wir finden uns einer Fülle individueller Biographien gegenübergestellt, und aus der Summe aller individuellen Lebensläufe heraus bildet sich nach und nach die neue Form der menschlichen Gesellschaft, die auch nicht mehr «Vater Staat» als Allverwalter aller Normen haben darf.

Das Problem ist nicht, wie man zu einem Normalmenschen wieder zurückgeführt wird, sondern: Wie steht der einzelne zu seiner Biographie? Fällt er aus seiner biographischen Lebenslage heraus, dann ist es Aufgabe des Sozialarbeiters, ihm zu helfen, seinen eigenen Lebensfaden wiederzufinden, zu seiner *eigenen* Biographie ihn zurückzuführen, gleichsam ihn zu reindividualisieren.

Dabei ist es geblieben. Wir haben versucht, diesen Gesichtspunkt die ganzen Jahre hindurch weiter auszuarbeiten,[5] und dabei auch berücksichtigt, daß wir in einer Zeit leben, in der sich Altes und Neues durchdringen. Wir können ja nicht aus der menschlichen Gesellschaft aussteigen.

Ich habe diese Grundgedanken auf Juristenkongressen, auf Zusammenkünften von Staatsanwälten, Richtern – und vor allen Dingen Strafvollzugsleitern nichtanthroposophischer Provenienz, auf der Richterakademie in Trier oder auf großen Tagungen in Norddeutschland vertreten. Die Einladenden meinten, Anthroposophen könnten etwas Interessantes beitragen. Beim ersten Mal wurde ich seitens eines Richters etwa mit folgenden Worten begrüßt: Da stehen die Täter, wir verurteilen sie, es sind Menschen, aber eigentlich wissen wir gar nicht, was der Mensch ist, und darum sollten wir die Anthroposophen fragen. Er meinte, die Anthroposophen wüßten etwas vom Menschen. Als ich dann unsere Überlegungen vortrug, entdeckte ich eine mich überraschende Zustimmung – an allererster Stelle seitens der Strafvollzugsanstaltsleiter. Sie sagten übereinstimmend, alle Strafvollzugsanstalten resozialisieren in keiner Weise, sondern sie kriminalisieren erst richtig. Es wäre für die Gesellschaft das Vernünftigste, sämtliche Gefängnisse abzuschaffen. Das sagten die, die das leiteten!

Derselben Meinung sind heute viele Richter, vor allem die jüngeren. Nur alte Oberlandesgerichtspräsidenten sind etwas bissig und vertreten immer noch den Gesichtspunkt der «Sühne» und der «Strafe». Ich habe bei diesen Zusammenkünften hineinschauen können in eine zwar nicht nach außen hin sichtbar werdende, aber intensive Debatte innerhalb dieser Welt der sogenannten Resozialisierung um den Begriff des Menschen, der Menschlichkeit, um Fragen nach der Behandlung von Straftätern überhaupt. Deshalb stehen wir, wenn wir jetzt im einzelnen Sozialarbeit machen, mit dieser Konfrontation «Resozialisierungsanspruch» – noch aus der Vergangenheit weitergetragen –, «individuelle Hilfe», «Individualisierungsanspruch» – aus der Zukunft kommend – mitten in einer großen, sich überschneidenden Zeitproblematik darinnen.

Resozialisierungsanspruch   Reindividualisierung

                            Gegenwart

aus der Vergangenheit   Zukünftiges aufzeigend,
kommend   angehend

Das sollte den Hintergrund für die Frage bilden: Wie geht der Sozialarbeiter mit dem ganzen Wesenserleben um?

Schauen wir noch einmal auf den Ablauf der letzten fünf Tagungen, die einem in der menschlichen Wesenheit begründeten Aufbau folgten, wie schon erwähnt wurde.[6] Im ersten Jahr betrachteten wir den Bau der Biographie, und zwar ihre Bauelemente, die Jahrsiebente, die Rhythmen, den Umschlag in der Lebensmitte usw.

Im zweiten Jahr haben wir die Prozesse angeschaut, die innerhalb der Biographie mit exkarnierenden und inkarnierenden Impulsen zusammenhängen – Ruhe, Tod, Wachsein, Überwachsein, Schlafen, Träumen, alles, was gleichsam das Sich-Inkarnieren, das Hineinwachsen in die Biographie durch die Jugendjahrsiebente hindurch und das Sich-wieder-Exkarnieren aus der Biographie in den oft langen, schwierigen Alters- und Sterbeprozessen ausmacht.

Im dritten Jahr lautete das Thema «Bausteine der Biographie und des sozialen Lebens». Eine Biographie steht in vielfältiger Weise in Beziehung zu Gegebenheiten der sozialen Welt: Arbeit, Freizeit, Recht, Geld, Vermögen, Besitz und so weiter. Welche Bedeutung haben sie für die Biographie? Was bedeutet Geld innerhalb einer Biographie? Was bedeuten Störungen im Verhältnis zum Geld, im Verhältnis zur Arbeit? Welches Verhältnis besteht zwischen Arbeit und Freizeit, zwischen Geldausgeben und Geldsparen und so weiter?

Dann kam das vierte Jahr mit jenem merkwürdigen Begriff «Organologie» im Titel: «Organologie und Biographie des Menschen. Die diesbezügliche Betrachtung der menschlichen Leibesorgane.» Wir haben scheinbar vom Medizinischen her – aber dann zeigte es sich, daß es keineswegs nur medizinisch war – angeschaut, wie der menschliche Leib – wie er konstituiert ist und sich gravierend vom Leib des Tieres unterscheidet – die Widerlage für alles ist, was sich als Schicksal entfaltet; wie wir ohne Nerven-Sinnessystem, ohne rhythmisches System, ohne Gliedmaßensystem ein ganz bestimmtes Schicksal nicht haben könnten und wenn wir zudem nicht ein Nierenmensch, ein Magen-, ein Lungen-, ein Gehirn-, ein Leber-, ein Gallenmensch und so weiter wären.

Dann kam dieses Jahr, das fünfte, mit der Frage: Wie ist das mit dem, was als Wesensaspekt des Problems auftritt? Wir wollten ja nicht einen Zyklus über die geistigen Wesen halten, wie das Rudolf Steiner wiederholt getan hat,[7] sondern wir wollten innerhalb dieser Stufenreihe herausarbeiten: Wie ist es nun neben dem Organologischen oder dem Rhythmischen mit dem Aspekt des Wesenhaften? Doch hat sich immer wieder gezeigt, daß es innerhalb der Sozialarbeit kein Problem gibt, an dem nicht alle Stufen, die bisher bearbeitet wurden und die noch bearbeitet werden, beteiligt sind. Es werden dann zwei weitere Stufen kommen. Wir haben für das nächste Jahr als Arbeitstitel «Sozialarbeit als Teil der gegenwärtigen Geschichtsstufe der Menschheit». Auf der letzten Stufe dieser Reihe wollen wir alles auf den bisherigen Stufen Behandelte noch einmal als Gesamtheit umfassen.

Von der diesmaligen Thematik kann gesagt werden: Es gibt kein Problem, bei dem nur auf den Engel, den Doppelgänger, auf Luzifer und Ahriman hinzublicken ist, immer sind gleichzeitig die Bereiche der Organologie, des Organischen, der sozialen Bausteine, der exkarnierenden und inkarnierenden Prozesse des Lebens und der Bau der menschlichen Biographie zu berücksichtigen. Vor alledem steht der Sozialarbeiter. Er hat den Klienten vor sich, und er hat die Empfindung, ich kann nicht mit derselben Betrachtungsweise an seine Geldprobleme herangehen, mit der ich zum Beispiel seine Schlafprobleme zu verstehen suche, ich kann mir nicht auf die gleiche Art und Weise ein Bild von den Bauelementen der Biographie verschaffen und dem, was jemand an Wesenhaftem im Verhältnis zu Verstorbenen erlebt. Ich muß jedesmal eine andere Einstellung haben.

Hier zeigt sich nun, warum wir durch alle Jahre hindurch versucht haben, künstlerische Arbeit in diese Tagungen einzubauen, denn die Hauptstimulierung für die Nuancen, die in der Betrachtung der verschiedenen Ebenen ausgestaltet werden müssen, kommt aus den Künsten.

Der Blick auf die Struktur einer Biographie geschieht immer aus Empfindungen heraus, die wir an der Architektur erleben können. Biographien sind gebaut, wie Dome gebaut sind. Ganz unabhängig, womit die Biographie gefüllt ist, das kann ein hochinteressantes, geniales Leben eines Menschen sein, vielleicht eines großen Wissenschaftlers, eines Forschers, eines Künstlers, es kann das Leben eines einfachen Bergbauern in irgendeinem Schweizer Tal sein, die Biographie hat Urbausteine, so wie ein Haus Fenster, Türen und Geschosse hat, ganz unabhängig davon, was sich sonst darin abspielt. Und dieses Verständnis für den Aufbau einer Biographie können wir befruchtend aus einem architektonischen Empfinden heraus entwickeln. Alles, was wir auf der zweiten Ebene verstehen und finden wollen, was mit den Geburts- und Todesprozessen zusammenhängt, mit Schlafen, Wachen, Traumesprozessen, ist der inneren Struktur nach dem Wesen der plastischen Künste verwandt. Alles, was in die Beziehungswelt der Biographie zum sozialen Umkreis hineinführt, hat malerischen Charakter. Alles, was wir üben, wenn wir mit Farben umgehen, mit Blau, mit Rot, mit Gelb, ihren Durchdringungen und so weiter, erzieht in uns einen Sinn, entwickelt in uns ein Verständnis für «die Farben», mit denen der Mensch seine sozialen Gesten malt. Die Ebene, wo der Mensch auf den ganzen organhaften Aufbau des Menschen, den Zusammenklang der Organe hinblickt, steht in Beziehung zur Kunst der Musik.

Das sind übrigens alte, okkulte Aspekte, denn daß die Organe des Menschen mit der Sphärenharmonie zusammenhängen, wußte das Mittelalter. Unendliches Material finden wir bei Paracelsus und anderen, die noch ein Verständnis dafür hatten, daß die Lunge, die Leber, die Niere musikalisch verstanden werden müssen, daß da in unterschiedlicher Weise Planeten hereinleuchten und daß der Tierkreis nicht nur hereinleuchtet, sondern hereinklingt.

Sie wußten, daß die Welt der Sphärenharmonie den Menschen klingend, tönend geschaffen hat und daß ich diesen Menschen, der durch den Tierkreis über den Widder, den Stier, die Zwillinge, den Löwen, herunter bis zu den Fischen, sich aus dem tönenden Weltenall aufbaut, in bezug auf seine biographische Konstitution nur beginne zu durchschauen, wenn ich die melodischen und amelodischen Elemente seiner Struktur empfinde.

Die Schicht der Wesensaspekte (siehe Abb. S. 111) ist nun diejenige, deren Verständnis mir in dem Maße erwächst, in dem ich mich der Dramatik zuwende, in dem ich durch das Drama zu einem Erleben gekommen bin, wie sich die sprechende Selbstäußerung des Menschen mit dem Handlungsgestus zu einer Erscheinung seiner Wesenheit verbindet. Wesenserlebnisse sollten und müßten dramatisch angestrebt, gesucht werden. In der Dramatik liegt der Schlüssel für die Wesenserlebnisse, die der Mensch haben kann. Deshalb spielen die «Mysteriendramen» Rudolf Steiners am Goetheanum eine so zentrale Rolle. Oft wird gefragt: Wie wirken eigentlich Luzifer und Ahriman auf den Menschen? Dann würde man am liebsten sagen: Guckt sie euch doch auf der Bühne an, da seht ihr, was sie wollen und wie sie sich verhalten! – Man sieht etwa im vierten Drama, «Der Seelen Erwachen»,[8] wie frech Ahriman wird, wie er da mit einem Zynismus sondergleichen sogar dem Hüter der Schwelle gegenüber sich äußert. Das einmal gesehen zu haben, läßt einen Ahriman in sich selbst erkennen. Oder man höre das sentimentale Geleier Luzifers und sehe, wie er sich in seiner Schönheit gibt, wie er sich dreht und so weiter. Wesensverständnis erschließt sich uns durch Verständnis für die dramatische Kunst.

Blickrichtung aus den
Künsten

7. Jahr				
6. Jahr	→	Sozialarbeit als Teil der gegenwärtigen Geschichtsstufe der Menschheit	←	Eurythmie
5. Jahr	→	Wesensaspekte	←	Drama
4. Jahr	→	Organologie	←	Musik
3. Jahr	→	Bausteine der Biographie und des sozialen Lebens	←	Malerei
2. Jahr	→	exkarnierende und inkarnierende Impulse	←	Plastische Künste
1. Jahr	→	Bauelemente der Biographie	←	Architektur

Natürlich sind das nur Grundlagen, die vertieft werden müssen. Ich kann nicht einfach aus einer Symphonie heraus schnurstracks zum Verständnis der Nieren spazieren, so kurzschlüssig ist das nicht! Aber ich kann mir in meinem inneren Verständnis, mich erinnernd, verdeutlichen, was ich empfinde, in welche Welt ich mich erlebend vortaste, wenn ich musikalisch erlebe, und mich dann fragen – ein anthroposophischer Arzt würde zum Beispiel gar nicht so sehr von der Niere sprechen, sondern vom Nierenprozeß, vom Leberprozeß und so weiter –, was ich jetzt sozusagen an innerer Verhaltensweise, an Verständnis aufwenden muß, um mich an diese Organprozesse heranzutasten.

So ist es bei den Wesensaspekten auch. Ich kann nicht einfach etwas von der Bühne übertragen. Aber indem ich mich an ein bestimmtes Erlebnis oder ein Erleben wieder erinnere, dem nachspüre wie es mich berührt hat, zum Beispiel wie der Mephisto in Goethes «Faust» sich aufführt, kann mir die Wesenheit des Bösen durch die dramatische Geste verständlich werden. Wir können beim Blick auf einen anderen Menschen, dem wir helfen wollen, nichts rege machen, was wir zunächst nicht in uns selbst gefunden haben. Wie kommt denn nun der Sozialarbeiter

111

mit seiner besonderen Berufsausrichtung zum Erleben seines Engels oder zum Erleben von Verstorbenen, die er gut kannte?

Damit nähern wir uns einem Gebiet, das wir mit großer Vorsicht betreten müssen. Die Zuwendung zu geistigen Wesen geschieht ja in der Regel durch bestimmte innere Bewußtseinshaltungen. Da gab es Jahrhunderte hindurch im europäischen Kulturkreis die Verhaltensweise des Gebetes. Das Gebet zum Engel ist eine uralte, christliche Tradition, auch das Gebet zu Gott, zur Christus-Wesenheit; aber nehmen wir jetzt einmal den Engel heraus. Noch heute finden wir im Bereich der katholischen Kirche in Buchhandlungen eine umfangreiche Literatur darüber, wie man zum Schutzengel betet, wie man sich an den Schutzengel eines anderen Menschen wendet.

Prüft man nun vom anthroposophischen, meditativ geschulten Bewußtsein aus das Gebet, stößt man auf ein großes Problem des heutigen Menschen: Es ist sehr, sehr schwer, das Gebet unegoistisch zu führen. Wir können das bereits daran sehen, daß der Sprachgebrauch fast immer das Gebet mit einer gewissen Nuance bezeichnet, nämlich man betet um etwas. Was das Mittelalter noch hatte, das Gebet als völlig selbstlose Zuwendung zu irgendeinem Geistbereich, weil der egozentrische Selbstbezug im Mittelalter nicht so stark war, hat sich eben in der neuen Zeit geändert. Das Gebet wird zum Mittel, etwas zu fordern, zu erbitten, zu erbeten. Nun wird es unendlich schwer, dort nicht den Egoismus hineinzubringen.

Man wird sagen, man betet doch nicht nur für sich, man betet doch auch für andere. Da ist jemand, den man kennt, krank, und nun betet man, daß er gesund wird. Warum will

112

man denn, daß er gesund wird? Ist nicht auch in dem, was wir als Wohltat für die Welt wollen, viel Egoismus? Man betet für den Frieden, weil man den Krieg nicht ertragen kann. Man fragt nicht, was die Götter wollen, sondern man fragt, was man selber will. Man betet für das, was man selber für richtig hält. Es ist das alte menschliche Leiden, die eigenen Maßstäbe als allgemeingültig zu setzen.

Das ist ein Problem der inneren Selbstentwicklung, das allen Menschen gegeben ist. Man muß heute sagen, das Gebet kann eigentlich nur noch von den Menschen wirklich entwickelt werden, die zugleich den Weg der Meditation gehen, denn die Meditation ist durch sich selbst unegoistisch. Ich kann beten um etwas, aber ich kann nicht meditieren um etwas. Meditation ist immer der innere Wurf hinein in einen Zustand selbstloser Gedankenentfaltung.

Wenn ich das übe, wenn ich lerne, in der Meditation die Selbstlosigkeit zu entwickeln, ein völliges Zurücktreten der Eigenwesenheit bei einem Sichdarstellen und Geltenlassen der Geistgesetzmäßigkeiten, dann kann ich auch wieder beten, weil ich dann die Gefahren kenne, die im Gebet als heimlicher Egoismus sich einschleichen.

Gibt es nun einen anderen Weg, den eigenen Engel kennenzulernen als den, den man vielleicht noch von der Kindheit her kennt und pflegt, eines abendlichen oder morgendlichen Gebets zum Schutzengel? Das kann bestehenbleiben, aber gibt es objektive Wege?

Hier ist der große Hinweis, den wir schon berührt haben, das Gewahrwerden, daß unser Schicksal aus der Führung des Engels hervorgeht und daß man naiv sagen könnte: Du willst den Engel kennenlernen? Blick hin auf deine

Schicksalsführung, blick hin vor allen Dingen auf alles, was dir an Fügungen begegnet ist, auf deine Kindheit, deine Jugend, wie du durch die Schule gegangen bist, durch die Ausbildung, die Lehre, die Universität, wie dieses und jenes eingetreten ist. Wenn man so zurückblickt, und das gehört ja mit zum Selbstbewußtsein des modernen Menschen, daß er nicht einfach in den nächsten Tag hineinschläft, sondern bewußt sein Leben ergreift, daß er immer wieder sich Rechenschaft gibt über die Strecke von der Geburt bis heute, dann kann man sich fragen: Wie war denn dieses oder jenes konfiguriert? Da kam plötzlich dieses auf, dann kam ich in den Krieg, wieder aus dem Krieg heraus, andere sind gefallen, dann habe ich diesen Beruf ergriffen, ging in jene Stadt, bin diesem oder jenem Menschen begegnet. Wer das für sich selber anschauend übt, man könnte sagen, dramatisch-phänomenologisch, ganz unegoistisch, nicht aus einer Selbstverliebtheit heraus, dem erscheint schließlich das Schicksal wie ein Drama – Anthroposophen sagen: wie ein Mysteriendrama. Das Schicksal eines jeden Menschen ist ein dramatischer Ablauf, und man lernt den Regisseur kennen, wenn man auf die spezifischen Fügungen der Dramatik schaut. Dramatik heißt hier nicht aufregend, das kann ein stilles, äußerlich beschauliches Leben sein, auch das ist ein ablaufendes Drama. Der Betreffende, der es anschaut, erkennt in den Fügungen plötzlich eine Wesensgestalt. Der Engel ist nicht anthropomorph, so kann man ihn sich in Form einer Hilfsvorstellung vorstellen. Viele Menschen leben mit einer solchen Hilfsimagination, daß sie den Engel neben sich sehen, der dann ganz leicht angedeutete menschenähnliche Züge oder Verhaltensweisen hat. In Wirklichkeit aber lebt der Engel nur im

Äther, nicht in der Physis. Er lebt im Äther heißt, er lebt in der Zeit und, konkret gesprochen, in der Dramaturgie unseres Lebens.

Wenn ich das, mich vertiefend in mein eigenes Leben, ertaste, werde ich fähig, das woanders auch zu finden. Jetzt entdecke ich plötzlich die Dramaturgie im Leben meines Klienten, und mit der Dramaturgie im Leben meines Klienten taucht eine Ahnung von seinem Engel auf.

Ein zweites ganz wesentliches Wesenserlebnis, auf das Rudolf Steiner mehrfach aufmerksam macht[9], ist das Hereinwirken der Verstorbenen und die Beziehung zu ihnen. Selbstverständlich haben wir eine ganze Reihe von Meditationen und Übungen, die mit dem persönlichen Verhältnis zu einem Toten zusammenhängen,[10] Hilfsgedanken, die man ihm in den Kamalokazustand hinein nachschickt. Und doch weiß wieder jeder von uns sehr genau, daß sich nun wieder, in einer anderen Weise als beim Engel, in diese gemüthafte, gebethafte Zuwendung zum Verstorbenen mancherlei Egoismus mischt, eine gewisse sentimentale Art, sich zu erinnern, wie der Betreffende gewesen war, manchmal, aus unerfindlichen Gründen heraus, ein Bedauern: Ach der Arme, nun ist er gestorben. Nicht oft genug kann man wiederholen, der Tod ist das schönste und größte Erlebnis, das ein Mensch in seiner gesamten Existenz haben kann. Nicht das Sterben! Das Sterben selbst kann mit Schmerzen verbunden sein und den ganzen Leiden, die eben durch den physischen Leib entstehen. In dem Augenblick, in dem der Tod eintritt, erwacht die Seele in strahlender Helle in der geistigen Welt, und jeder, der stirbt, begegnet in diesem Augenblick der Christus-Wesenheit. Die Hülle ist weg, es ist, wie wenn die Sargtüre geöffnet wäre und die Seele tritt ins Freie. Die Todesart ist für den Toten nicht entscheidend. Der Tod ist auf jeden Fall, wie immer er eintritt, das größte und schönste Erlebnis, das die menschliche Entelechie sowohl im Geistigen wie im Physischen haben kann.[11] Und so ist diese oft sehr bürgerliche sentimentale Hinwendung zu den Toten völlig falsch.

Die Verstorbenen haben aber ein gewisses Interesse, in das Leben der Menschen, mit denen sie auf Erden verbunden waren, hineinzuwirken, und zwar durch unmittelbare Arrangements, die während des Tages auftreten. Hierzu ein Beispiel Rudolf Steiners: «Malen Sie sich einmal aus, wie vieles manchmal anders geworden wäre, im kleinen Erleben des Tages, wenn Sie einen Ausgang zu einer festgesetzten Stunde unternommen hätten, den Sie dann eine halbe Stunde später unternommen haben, weil Sie durch irgend etwas abgehalten worden sind, malen Sie sich aus, was da als Veränderung in Ihr Leben hineingekommen ist, was sogar als Veränderung in das Leben vieler anderer Menschen hineingekommen ist! Leicht kann man sich so etwas ausmalen. Nehmen wir einmal an: Sie haben sich vorgenommen, an einem Tage um viertel Vier Uhr nachmittags einen gewissen Gang zu machen, da wären Sie mit einem andern Menschen zusammengetroffen; dem hätten Sie eine Mitteilung gemacht, der wiederum diese Mitteilung einem andern gemacht hätte. Sie machen, weil Sie zu spät kommen diese Mitteilung dem andern Menschen nicht und sehen: es wird hintangehalten, gewisse recht wichtige Dinge geschehen nicht.»

«Der Mensch», sagt Rudolf Steiner in diesem Zusammenhang, «ist gewöhnt, nur auf dasjenige zu sehen, was geschieht, und nicht auf dasjenige, was vom Geschehen abgehalten wurde. – Was er da nicht beachtet, das hängt innig zusammen mit dem Reiche, in dem die Toten sind...»

«Wir sind [...] von den sogenannten Toten nur dadurch getrennt, daß wir nicht in der Lage sind, mit dem gewöhnlichen Bewußtsein wahrzunehmen, wie die Kräfte der Toten, das Leben der Toten, die Handlungen der Toten in unser eigenes Leben hereinspielen.»[12]

Man kann das erkenntnistheoretisch sehr genau untersuchen, wenn man die Motivationsketten unserer Gewohnheitsabläufe betrachtet. Ich ergreife die Kreide, jetzt zeichne ich ganz bewußt ein Pentagramm, jeder Strich, jede Regung ist, soweit das für den Menschen möglich ist, bewußt getan. Aber wenn ich einfach so gehe – viele Leute träumen ja fast dabei –, einen gewohnten Gang, eine gewohnte Straße, dann mache ich doch nicht mehr jede Muskelregung, jeden Schritt bewußt. Ein Bergsteiger tastet beim Klettern ganz bewußt die Tritte ab, aber wenn man so im Leben läuft, rutscht ein großer Teil des inneren Motivationsapparates ins Unterbewußte ab, und da sind die Toten anwesend. Da können sie wirken.

Bei diesen Betrachtungen tun sich große Seitenstraßen auf, denen man nachgehen könnte. Die Seitenstraße, an der wir eben vorbeigekommen sind, ist die, daß sich dann, wenn man das kultiviert – was nicht zu raten ist –, auch andere Wesen in diesen unterbewußten Regionen geltend machen. Dann kommt man zu solchen Erscheinungen wie dem automatischen Schreiben und ähnlichem, was in spiritistischen Zusammenhängen geübt wird, wo der Betreffende nicht schreibt, sondern sich sozusagen ganz locker und unbewußt läßt, und plötzlich schlüpfen in das innere

Motivationsgefüge der Handlungen Wesen herein und schreiben durch seine Hand. Das sollte man eben nicht kultivieren aus Gründen, die wir jetzt nicht darstellen wollen. Aber für das gewöhnliche Tagesleben ist es so, daß die Anstöße zu kleinen Änderungen aus der Welt der Toten kommen und daß wir da wach werden sollen, um an einer solchen Stelle plötzlich zu merken, wo und wie diese wirken.

Übungen, die der Sozialarbeiter sich zum Beispiel für das Engelwesen vornehmen kann, werden besonders notwendig, wenn er zu einer wirklichkeitsgemäßen Biographiehilfe voranschreiten will. Denn hier handelt es sich um das Verhältnis seines Engels zum Engel des anderen Menschen. Er ist ja auch ein Wesen mit einer Biographie, und die Hilfe, die er jetzt einem anderen Menschen angedeihen läßt, ist ein Teil *seiner* Biographie. Jeder wirklichen Sozialarbeit, jeder irgendwie gearteten, helfenden Beziehung eines Menschen zur individuellen Biographie eines anderen Menschen liegt das Verhältnis von zwei Engeln zueinander zugrunde.

Das Verhältnis der zwei Engel zueinander liegt immer zugrunde, wenn Menschen sich begegnen, ob es sich um Kampfhähne handelt oder um ein Liebespaar. Aber hier schauen wir ja in einen Bereich hinein, wo bestimmte Dinge in das Bewußtsein hineingenommen werden müssen. Der Sozialarbeiter kommt immer wieder in die Situation, daß er beim Betrachten des Lebens seines Klienten – er hat alle möglichen äußeren Hilfen geleistet, geholfen gegenüber Behörden, zu bestimmten Fragen beraten und so weiter – genau weiß, er müßte ein Stückchen mehr tun. Er sieht das Problem dieses Menschen, aber er weiß nicht recht, wo und wie er ansetzen soll. Und nun kommt etwas sehr Entscheidendes. Er richtet eine Frage an den Engel des anderen, nicht an den eigenen zunächst. Er wendet sich innerlich dem anderen Engelwesen zu, und er macht jetzt folgendes. Er stellt das Problem dar. Er schildert gleichsam innerlich in der abendlichen Meditation, die ja der Sozialarbeiter ganz besonders braucht, dem Engel des anderen Menschen die kaputte Existenz, bestimmte Elemente, die kaputt sind. Der Engel des anderen Menschen antwortet mit einer Frage.

Man hat oft vom Parzivalproblem der neueren Zeit gesprochen. Parzival steht für das Problem des modernen Menschen, der die entscheidenden Fragen nicht zu stellen weiß. Wie oft ergeht es dem tätigen Sozialarbeiter so, daß er nicht recht weiß, wonach soll ich jetzt eigentlich fragen? Man sieht die Probleme, man sieht, was nicht in Ordnung ist, man will helfen, aber man weiß nicht recht, wonach man fragen soll. Das ist ein Problem von weitreichender Bedeutung. Eine Frage setzt nämlich immer schon voraus, daß ich sozusagen die Hälfte der Antwort weiß. Eine gut gestellte Frage enthält bereits die Antwort zur Hälfte. Und weil das so ist, weiß man eben oft nicht, wonach man fragen soll, weil man nicht das Gebiet oder die Richtung kennt, wohin sich die Frage richten soll. Deshalb läßt man den Engel des anderen Menschen die Frage formulieren. Man trägt ihm das Problem vor, und von ihm kommt die Frage.

Wie kommen denn solche Antworten zu einem? Sie fallen einem morgens ein, wenn man abends mit dem Problem eingeschlafen ist. Man hat einen schwierigen Beratungsfall und hat wirklich innerlich versucht, den Engel des anderen anzurufen, zu fragen: Was soll ich tun? Morgens wacht man auf, zieht sich an, und plötzlich fällt einem ein: Frag doch den mal – er hat doch gesagt, er hat in seiner Jugend einen Bruder gehabt –, wo der Bruder geblieben ist? Das heißt, es fallen einem auch kompliziertere Fragen ein. Das ist die eine Seite. Sicherlich könnte jemand sagen, wenn ich mir meinen Klienten anschaue, entstehen doch Fragen. Es ist ihm nur nicht klar, daß die vom Engel des anderen kommen.

Die andere Seite ist nun die, daß man mit diesen Fragen die Antwort beim eigenen Engel sucht. Man trägt diese Fragen dem eigenen Engelwesen vor, wie das ja viele tun. Das ist ein Verfahren, das wir gut kennen, das jeder Waldorflehrer, jeder Arzt kennt angesichts eines schwierigen Kindes, eines schwierigen Patienten: Ich gehe mit der Frage nachts zu meinem Engel. Ich schlafe mit der Frage ein, und die Antwort kommt als Einfall oder bewußter, das hängt auch vom Entwicklungszustand des Betreffenden ab, inwieweit er weiß, wie geistige Wesen sprechen. Sie sprechen eben nicht wie Gespenster. Wo höre ich einen Toten reden? In dem, was ich selber sage – das ist ein bekannter Hinweis Rudolf Steiners.[13] Wenn da irgendeiner in mein Ohr schwatzt, ist Vorsicht geboten. Der Tote äußert sich so, daß es wie aus mir kommt, wie wenn ich mir selber etwas sagen würde, so spricht der Tote, so spricht auch der Engel.

Mit diesen praktischen Erfahrungen – jetzt rede ich ja unmittelbar von der Praxis und weiß, daß viele von uns diese Dinge geübt haben und Erfahrungen unterschiedlicher Art vorhanden sind – kann ich nun einen weiteren, sehr schwierigen Schritt machen und fragen: Wie erlebe ich den Doppelgänger?

120

Der Begriff Doppelgänger wird auch im Zusammenhang mit dem Grenzerlebnis des Menschen an der Schwelle zur geistigen Welt verwandt. Wer überhaupt sich der Wesenswelt nähert, begegnet als erstem dem eigenen Bilde aller Unvollkommenheit, und das nennt man den kleinen Hüter der Schwelle oder den Doppelgänger.[14] Jener andere Doppelgänger, der von unten die menschliche Wesenheit durchdringt, aus den Tiefenkräften herauskommt, der ahrimanische und luziferische Doppelgänger, er umkleidet sich mit diesem Wesen, das uns als ein gespenstisches Wesen entgegentritt, das die Summe aller unserer Unvollkommenheiten ist. Und jeder, der das erlebt, weiß, daß er sich selbst so erlebt, wie Johannes es in Rudolf Steiners Mysteriendrama «Die Pforte der Einweihung» formuliert, als «ein wilder Wurm».[15] Vom göttlichen Urbild aus gesehen, sind die Menschen häßliche Würmer, drachenähnlich. Kein äußeres Bild kann die Grauenhaftigkeit des Doppelgängers wirklich wiedergeben. Und dann redet er zum Menschen und sagt: Schau mich an, das bist du! So ist dein Zustand jetzt.

Nun sagt uns dieser Doppelgänger etwas ganz Bestimmtes, und das ist wieder einer der großen Schlüssel sozusagen für jegliche Lebenshilfe und Sozialarbeit. Er zeigt sich uns, damit wir sehen, was wir an uns selber zu tun haben, damit wir überhaupt begreifen, wo der Mensch heute steht, man selbst und auch der Klient, und wohin sich der Mensch zu entwickeln hat. In dem Buche «Wie erlangt man Erkenntnisse der höheren Welten?» schildert Rudolf Steiner die Begegnung mit diesem Doppelgänger:

«Ein allerdings schreckliches, gespenstisches Wesen steht vor dem Schüler. Dieser hat alle Geistesgegenwart und alles Vertrauen in die Sicherheit seines Erkenntnisweges notwendig, die er sich während seiner bisherigen Geheimschülerschaft aber hinlänglich aneignen konnte.»[16]

Dann macht der Doppelgänger uns darauf aufmerksam, nachdem er uns darauf hingewiesen hat, daß er das Bild aller unserer Unvollkommenheiten ist, daß wir, wenn wir weiter wollen, folgendes bedenken müssen:

«Meine Schwelle aber ist gezimmert aus einem jeglichen Furchtgefühl, das noch in dir ist, und aus einer jeglichen Scheu vor der Kraft, die volle Verantwortung für all dein Tun und Denken selbst zu übernehmen.»[17]

Und nun folgt der Satz, den wir allem psychotherapeutischem Geschehen zugrunde legen müssen: «Solange du noch irgendeine Furcht vor der selbsteigenen Lenkung deines Geschickes hast, so lange ist in diese Schwelle nicht alles hineingebaut, was sie erhalten muß.»[18]

Man hat manchmal etwas vereinfacht, aber doch deutlich gesagt: Solange jemand eine Psychotherapie braucht, ist er unfähig, den Schulungsweg zu gehen. Beides zusammen ist unvereinbar. Es kann sein, daß jemand die Psychotherapie braucht. Dann kann er in dieser Zeit den Schulungsweg nicht gehen, denn er bedarf anderer Menschen zur Hilfe. Er kann noch nicht selber seine Korrekturen in die Hand nehmen. Ich weiß, daß das für viele, die auf diesem Gebiet tätig sind, vielleicht eine harte Formulierung ist. In dem Augenblick, wo man irgend etwas an einen anderen delegiert – wir sprechen jetzt nur vom Therapeuten, an den man etwas delegiert –, hat man es nicht selbst in der Verantwortung.

Das andere Problem ist natürlich das der Religion. Solange ich irgendeine Funktion an den Priester delegiere, übe ich sie nicht selbst aus, will ich sie nicht selbst ausüben oder kann ich sie nicht selbst ausüben. Ich bin nicht der Gestalter dieser meiner Angelegenheiten.

Was wollen wir denn erreichen? Wir wollen, was eben nicht Resozialisierung ist, sondern Wiederherstellung des inneren, biographischen Auftrages, daß unser Klient lernt, seine Angelegenheiten in die eigenen Hände zu nehmen, daß er zur Selbstkorrektur fähig wird.

Rudolf Steiner spricht davon, daß der aus den Tiefen aufsteigende Doppelgänger, der sich umkleidet gleichsam mit der Gesamtgestalt unserer Unvollkommenheiten, auf der Erde unterschiedlich stark wirkt, daß er besonders stark in Amerika wirkt.[19] Darüber ist viel unter Anthroposophen gesprochen worden, gerade mit den amerikanischen Freunden, das ist genau untersucht worden, in Amerika wirken die Doppelgängerkräfte besonders stark, wertneutral gesagt. Die Menschen haben dort auch ein anderes Vermögen, sich mit dem Doppelgänger auseinanderzusetzen. Daher ist in Nordamerika eine Fülle bestimmter Therapien entstanden, die jedoch ganz auf die amerikanischen Verhältnisse zugeschnitten sind. Man sollte immer sehr vorsichtig sein, wenn man psychotherapeutische Methoden, die in einer Region entwickelt wurden, wo starke, massive Doppelgängerkräfte wirksam sind, für Europa übernimmt, wo der Doppelgänger nur eine mittlere Wirksamkeit hat. Das ist etwas, worauf selbst die amerikanischen Freunde hinweisen. Unsere Sozialarbeiter drüben und die Freunde, die in der Psychiatrie und in der Sozialtherapie stehen, sagen: Wir müssen hier manches machen, das könnt ihr gar nicht so machen! Denken wir nur an die ungeheuren elektrischen Kräfte in Amerika! Wenn man auf einem Wollteppich steht und mit dem Fuß ein bißchen hin- und herreibt, dann kann man mit der Fingerspitze an der Klinke ein ganzes Kraftwerk erzeugen: Das knistert und sprüht, das ist eine völlig andere Atmosphäre. In ihr ist manches entstanden, was dort vielleicht noch eine gewisse Berechtigung hat, das lasse ich mal offen, was aber so ist, daß wir es nicht einfach für die europäischen Verhältnisse übernehmen können, auf jeden Fall nicht unbesehen.

Das Erlebnis des Doppelgängers taucht immer dann auf, wenn der Mensch sein inneres Ideal aufsucht. In der Geisteswissenschaft sprechen wir davon, daß an der Grenze zur geistigen Welt etwas wie das große Menschheitsideal aufleuchtet, man nennt es den «Hüter der Schwelle».[20] Er ist Sinnbild, aber auch imaginatives Bild, all dessen, was der Mensch werden soll und kann in der Zukunft und in den Geist hinein.

Wenn es zu einem Erlebnis dieser Ideale kommt, dann ist der Mensch natürlich den Schulungsweg gegangen, hat die Übungen gemacht, die ihn zu diesem Erlebnis führen können.[21] Aber jeder Mensch berührt diese Ebene in dem Augenblick, wo er sich fragt: Was strebe ich eigentlich an? Was will ich denn für den anderen Menschen? Wir haben davon gesprochen, daß der Sozialarbeiter in seinem Arbeitsfeld überhaupt nicht klarkommt, nicht klarkommen kann mit einem Normengefüge. Das war eben die Welt der Resozialisierung, wo man sich sagte, das ist gut, und das ist böse, der ist böse geworden, jetzt bringe ich ihn dazu, daß er wieder gut ist im Sinne der Normen, der Gesetze, der Kirche und des Staates. Der Sozialarbeiter will ja, daß der andere in seiner Biographie sein eigenes höheres Ideal, und sei es nur ein ganz kleines Stückchen davon, herausarbeitet.

Beim großen Hüter wird dem Menschen wieder etwas Wesentliches mitgeteilt. Der Doppelgänger sagte: Solange du nicht die Verantwortung für dich selbst übernehmen willst, solange du noch deine eigenen Angelegenheiten delegierst, an wen auch immer, an eine Gruppe, einen Therapeuten oder sonst wen, kommst du nicht weiter! Jetzt spricht der große Hüter in einer gewissen Weise und sagt etwas, was sehr erschütternd wirken kann: Weißt du, für deine eigene Seligkeit habe ich nicht das allergeringste Interesse. Ob du selig wirst oder nicht, ist mir völlig gleichgültig! Aber was du für andere Menschen tust, das interessiert mich.[22] Das große Motiv der Selbstlosigkeit taucht auf, «Selbstlosigkeit, der Lebensstrom der Menschheit»,[23] so formuliert es einmal Rudolf Steiner.

Und das lebt auf, wenn wir nach irgendeinem Ideal suchen, wenn wir uns fragen: Was ist das Gute in einer Biographie? Man steht doch manchmal einem wirklich zerbrochenen, kaputten Klienten gegenüber – die ganze Lebenszeit ist kriminell, erst hat er in Jugendanstalten, dann im Erwachsenenvollzug gesessen –, und man fragt sich: Was ist da überhaupt noch zu bewirken? Da kommt mancher Sozialarbeiter sehr bald auf folgendes: Es wäre alles zu ändern, wenn der Betreffende an *irgendeiner* Stelle ein Stückchen Selbstlosigkeit entwickeln könnte, wenn er irgendwo etwas tun würde, was nicht durch den Egoismus des Doppelgängers diktiert ist. Denn wir können die große Polarität im Menschen zwischen Engel und Doppelgänger oder zwischen Hüter und Doppelgänger auch ganz einfach beschreiben: es ist die Polarität zwischen Egoismus und Selbstlosigkeit. Zwischen Egoismus und Selbstlosigkeit entscheidet es sich, was an Hilfeleistung möglich ist.

Es war ein großer aphoristischer Bogen, den wir hier gezogen haben und ziehen mußten, ein Bogen von Blickrichtungen mit dem Versuch, durch die Zusammenstellung wesentliche Forschungs- und Empfindungsrichtungen anzuschlagen, die ausgebildet werden müssen. Ich bin mir im klaren, über manche Sätze kann man lange arbeiten. Wir kommen zu drei abschließenden Gedanken.

Wir haben in den Jahren 1980 bis 1983[24] die Grundlage für diese ganze Abteilung direkt unter dem Signum «Der Schulungsweg des Sozialarbeiters» gelegt, nichts weiter. Was tut eigentlich ein Sozialarbeiter an sich und mit sich, um fähig für seinen Beruf zu werden?

Viele Berufe haben ein streng geregeltes Tagespensum, Lebenspensum. Wir sollten daran denken, daß niemand etwa in der Musik eine auch nur einigermaßen wirksame Position einnehmen kann, der nicht täglich übt – das ist ganz klar. Acht, neun Stunden üben die großen Musiker, ob es nun ein Menuhin ist oder ein großer Pianist. Selbstverständlich kann ich nicht für die Sozietät wirksam werden, wenn ich nicht übe. Denken wir an die Sportler. Es kann im Sport keine Leistung geben ohne ununterbrochenes Training. Und so ist es eigentlich bei allen Berufen, vor allen Dingen bei denen, die sich auf andere Menschen richten.

Früher war das den Menschen sehr vertraut. Als man die Gilden und die Zünfte im Mittelalter hatte, war es deutlich, daß zu jedem Beruf auch eine gewisse moralische Qualifikation, ein gewisses moralisch-meditatives Leben gehörte, damals mit vollem Recht von der Kirche verwaltet und geleitet. Heute muß alles neu aufgebaut werden.

Und so steht auch der Sozialarbeiter ganz individuell vor der Frage: Was mache ich eigentlich im Tageslauf, im Jahreslauf, um die Kräfte mir zu bilden, um überhaupt durchzuhalten, das ist ja hier angesprochen worden, um die Fähigkeiten mir auszubilden, um wirksam zu werden?

Wir haben niemals gesagt, daß es dafür ein Rezept gibt. Wir haben darauf aufmerksam gemacht, wie wichtig bestimmte Übungen sind, wie wichtig bestimmte Meditationen sind. Wir haben erwähnt, daß auch andere Berufe so etwas pflegen, daß man sich abends – der Lehrer seine Klasse – etwas vor das innere Auge stellt, daß man weiß, daß es wirksam ist. Lehrern, die Autoritätsprobleme mit ihrer Klasse haben, mangelt es in der Regel an solchen inneren Einstellungen. So ist es in anderen Berufen auch.

Doch man muß sagen: Es suche sich jeder selbst die Wege. Manche haben sich da schon manches geschaffen, und sie sagen: Ich würde gar nicht in der Altenpflege oder sonstwo durchhalten, wenn ich nicht ein ganz bestimmtes inneres Leben pflegen würde. Aber das Wie, und das ist auch neu, muß man selber finden. In diesem gar nicht genug zu empfehlenden Buche «Wie erlangt man Erkenntnisse der höheren Welten?»[25], von dem man oft gesagt hat, es ist überhaupt das Selbsterziehungsbuch des modernen Menschen, wird gleich auf den ersten Seiten auf etwas hingewiesen, was es in der ganzen okkulten Geschichte noch nie gegeben hat: Was für Übungen und wie du die Übungen machst, das mußt du selber herausfinden. Das hat es noch nie gegeben. Immer hat der Guru gesagt: Tu dies! Tu jenes! Nicht so Rudolf Steiner, er fordert: Nimm die Leitung deines Geschickes selbst in die Hand – auch deines esoterischen Geschickes. Nimm es selbst in die Hand und finde heraus, was du tun mußt und wie du es tun mußt. Das ist das erste.

Der zweite Gedanke, den wir noch stärker ausarbeiten müssen, ist: Wie soll denn die Ausbildung des Sozialarbeiters in der Zukunft aussehen? Das ist ein Thema, das hier durch die Jahre hindurch immer wieder auftauchte, manchmal sogar eine Verdichtung bekam, indem wir uns fragten: Sollen wir nicht Ausbildungsseminare einrichten? Das wäre natürlich mit sehr vielen, auch finanziellen, Schwierigkeiten verbunden, aber bei alledem ist es gar nicht so wichtig, was wir äußerlich machen, wie wir das nennen, zum Beispiel Anthroposophische Schule für Sozialarbeit oder so ähnlich, wichtig ist, was wir überhaupt an Grundlagen schaffen. Vergessen wir nicht, und ich werde zum Schluß noch einmal ganz anthroposophisch, daß in «Wie erlangt man Erkenntnisse der höheren Welten?» zu Anfang schon steht: Du wirst keinen Schritt vorwärtskommen, wenn du nicht weißt, daß Gedanken und Gefühle in der Welt genauso eine Realität sind wie deine äußeren Handlungen.[26] Wenn wir an dem inneren Curriculum einer Sozialarbeiterausbildung arbeiten, wenn das wirklich durchdacht ist, von vielen Freunden zusammengetragen, mit vielen Beiträgen, dann wird eine Basis da sein, auf der dann etwas Äußeres entstehen kann.

Man kann das nicht zusammenstoppeln. Man kann sich zwar hinsetzen und sagen, so, jetzt schreiben wir einmal auf, was alles notwendig ist, das kann man tun, aber das trägt nicht.

Wenn, wovon wir überzeugt sind, der Sozialarbeiter, der Biographiehelfer ein neuer Beruf in der Menschheit ist, dann muß auch aus den Tiefen der Menschheitserfahrung heraus die Grundlage für diesen Beruf nach und nach erst geschaffen werden. Das kann man nicht entwerfen und arrangieren, das muß wachsen. Auch im Geistigen wachsen die Dinge organisch. Aber man wird eine Hilfe haben.

Und der dritte Abschlußgedanke betrifft das, was uns das nächste Jahr beschäftigen wird. Dieser neue Beruf hat auch einen Genius, einen Geist. Alle Menschheitsberufe haben führende Wesenheiten. Die Ärzte blicken mit Recht auf Raphael. Rudolf Steiner weist darauf hin, wie der Erzengel Raphael alle medizinische und ärztliche Tätigkeit umfängt, leitet und durchdringt.[27] Andere Wesenheiten, auch außerhalb der bekannten Erzengelnamen, durchdringen Berufe, Tätigkeiten.

Mit der neuen Form der Sozialarbeit, mit der werdenden Biographiehilfe ist ein neues Geistwesen im Entstehen, neigt sich ein bestimmtes geistiges Wesen dieser Berufsgruppe zu. Nennen wir es zunächst nur den Genius einer wahren, menschengemäßen Sozialarbeit und Biographiehilfe. Von dem muß man sich belehren lassen, nicht das, was Menschen sich ausdenken, ist auf diesem Felde wichtig. Die Menschen sollen schon denken, damit ihr Denken zum Instrument wird, auf dem dann eine Engelwesenheit sich aussprechen kann. Ermessen wir, was das bedeutet innerhalb der ganzen Menschheitsgeschichte, daß jetzt, im zwanzigsten Jahrhundert, zwei, drei neue Berufe entstanden sind! Einer davon ist der Eurythmist. Und deshalb kommt natürlich beim Aufbau der Tagungen über dem Drama bei dieser nächsten Stufe (siehe Abb. S. 111), die wir im nächsten Jahr zu betrachten haben werden, wo die Biographie als eine Werkstatt neuerer Art in der Menschheit auftaucht, die Eurythmie.

Unser Arbeitstitel für die Tagung 1993 lautete: «Sozialarbeit als Teil der gegenwärtigen Geschichtsstufe der

Menschheit». Das Verständnis für das, was da angeschaut werden soll, was da zu erarbeiten ist, wird aus dem eurythmisch-künstlerischen Empfinden heraus entwickelt werden müssen.

Anmerkungen

I. VORTRAG

1 Siehe hierzu: Raoul Guyaz, Die Fachtagungen für Sozialarbeit und Strafvollzug am Goetheanum, in: Ergebnisse aus der Sektionsarbeit, hrsg. von der Sektion für Sozialwissenschaft am Goetheanum, Dornach o. J.

2 Siehe dazu: Rudolf Steiner, Menschenwerden, Weltenseele und Weltengeist – Erster Teil: Der Mensch als leiblich-seelische Wesenheit in seinem Verhältnis zur Welt, GA 205, 1987, Vortrag vom 2. Juli 1921 in Dornach.

3 Siehe Anmerkung 1.

4 Die Tagung 1992 wurde vom Cabaret Denger eröffnet mit dem Programm: CabaReTorte Dornach, Schicksal light[+], ein Programm für hilflose Helfer.

5 Siehe Anmerkung 1.

6 Siehe hierzu: Rudolf Steiner, Wie erlangt man Erkenntnisse der höheren Welten? GA 10, 1982, Bedingungen; ders., Anthroposophische Leitsätze, GA 26, 1989, Leitsätze 65 ff.

7 Ders., Heilfaktoren für den sozialen Organismus, GA 198, 1984, Vortrag vom 20. März 1920 in Dornach.

8 Ders., Grundelemente der Esoterik, GA 93 a, 1987, Vortrag vom 8. Oktober 1905 in Berlin.

9 Ders., Esoterische Betrachtungen karmischer Zusammenhänge. Zweiter Band, GA 236, 1988, Vortrag vom 30. Mai 1924 in Dornach.

10 Schulungswochen für Sozialarbeiter 1980 – 1983. Siehe Anmerkung 1.

11 An den Nachmittagen bestand während der Tagung die Möglichkeit, in Gruppen die Vortragsinhalte zu vertiefen.

12 Jean-Paul Sartre, L'être et le néant, 1943.

13 Rudolf Steiner, Die soziale Grundforderung unserer Zeit – in geän-
derter Zeitlage, GA 186, 1990, Vortrag vom 12. Dezember 1918
in Bern.

14 Johannes 10.34.

15 Siehe Anmerkung 1.

II. VORTRAG

1 Am Abend vorher wurde im Plenum unter anderem über Geistes-
strömungen in der Psychologie am Beispiel des Neurolinguistischen
Programmierens (NLP) gesprochen.

2 Siehe I. Vortrag, Anmerkung 6, GA 26, An die Mitglieder II, 27.
Januar 1924.

3 Zur Unbefangenheit: Siehe I. Vortrag, Anmerkung 6, GA 10. Über
einige Wirkungen der Einweihung.

4 Siehe Anmerkung 1.

5 Siehe I. Vortrag, Anmerkung 1.

6 Siehe I. Vortrag, Anmerkung 10.

7 Rudolf Steiner, Der Tod als Lebenswandlung, GA 182, 1986, Vortrag vom 9. Oktober 1918 in Zürich: Was tut der Engel in unserem
Astralleib?

8 Ebenda.

9 Ebenda.

10 Ebenda.

11 Ders., Der innere Aspekt des sozialen Rätsels, GA 193, 1989, Vortrag vom 11. Februar 1919 in Zürich.

12 Siehe Anmerkung 7.

13 Ders., Die Philosophie der Freiheit, GA 4, 1987.

14 Johannes Jürgen Meister, Aristoteles, in: Politische Denker I, Hrsg.
Heinz v. Rausch, München 1974, S. 34 f. (dort Hinweis auf die
Bücher II–V der Nikomachischen Ethik).

15 Rudolf Steiner, Die Sendung Michaels, GA 194, 1983, Vortrag vom
    13. Dezember 1919 in Dornach.
16 Ebenda.
17 Goethe: «Ich kenne kein Verbrechen, von dem ich mir nicht vorstel-
    len könnte, es auch begangen zu haben.» In: Albert Reps, Einfüh-
    rung in die praktische Kriminalpsychologie, Stuttgart 1967, S. 154.
18 Siehe hierzu: Rudolf Steiner, Individuelle Geistwesen und ihr Wir-
    ken in der Seele des Menschen, GA 178, 1980, Vortrag vom 16.
    November 1917 in St. Gallen.
19 Siehe I. Vortrag, Anmerkung 9.

III. VORTRAG

1   Rudolf Steiner, Die Geheimwissenschaft im Umriß, GA 13, 1989.
    Die Erkenntnis der höheren Welten.
2   Zum Schulungsweg siehe: I. Vortrag, Anmerkung 6, GA 10; Paul
    Eugen Schiller, Der anthroposophische Schulungsweg. Ein Über-
    blick, Dornach 1979.
3   Siehe Anmerkung 1.
4   Rudolf Steiner, Vorstufen zum Mysterium von Golgatha, GA 152,
    1990, Vortrag vom 2. Mai 1913 in London.
5   Ders., Die Mission einzelner Volksseelen im Zusammenhange mit
    der germanisch-nordischen Mythologie, GA 121, 1982, Vorträge
    vom 7. und 8. Juni 1910 in Oslo.
6   Siehe Anmerkung 4, Vorträge vom 2. Mai 1913 und vom 18. Mai
    1913, letzterer in Stuttgart.
7   Siehe II. Vortrag, Anmerkung 7.
8   Siehe Anmerkung 6, Vortrag vom 18. Mai 1913.
9   Ders., Okkulte Untersuchungen über das Leben zwischen Tod und
    neuer Geburt, GA 140, 1990, Vorträge vom 18. November 1912
    in Hannover und vom 17. Februar 1913 in Stuttgart.
10 Ders., Allgemeine Menschenkunde als Grundlage der Pädagogik,
    GA 293, 1992, Vortrag vom 27. August 1919 in Stuttgart.
11 Ders., Menschliche und menschheitliche Entwicklungswahrheiten.

Das Karma des Materialismus, GA 176, 1982, Vortrag vom 10. Juli 1917 in Berlin.

12 Ebenda.

13 Ebenda.

14 Rudolf Steiner, Die Impulsierung des weltgeschichtlichen Gesche-hens durch geistige Mächte, GA 222, 1989, Vortrag vom 16. März 1923 in Dornach.

15 Siehe Anmerkung 5, Vortrag vom 7. Juni.

16 Siehe Anmerkung 16, Vortrag vom 18. März 1923 in Dornach.

17 Vergleiche dazu: Ders., Esoterische Betrachtungen karmischer Zu-sammenhänge. Fünfter Band, GA 239, 1985, Vortrag vom 12. Juni 1924 in Breslau.

18 Felicitas Vogt, Drogen, Sekten, New Age, Dornach 1992.

19 Dieses Problem wurde früher einmal ausgiebig erörtert: Siehe I. Vortrag, Anmerkung 1.

20 Zum Thema Elementarwesen siehe: Ernst Hagemann, Weltenäther – Elementarwesen – Naturreiche, Texte aus der Geisteswissenschaft Rudolf Steiners, Schaffhausen 1987.

21 Goethe, Reimsprüche, Werke, Stuttgart und Berlin 1921, Band I, S. 320.

IV. VORTRAG

1 Siehe I. Vortrag, Anmerkung 1.

2 Rudolf Steiner, Lucifer-Gnosis, GA 34, 1987, Geisteswissenschaft und soziale Frage.

3 Ders., Gesammelte Aufsätze zur Kultur- und Zeitgeschichte 1887 – 1901, GA 31, 1989, Freiheit und Gesellschaft.

4 Ders., Die Philosophie der Freiheit, Berlin 1894.

5 Siehe: Den Faden wieder aufnehmen. Arbeit an der eigenen Biogra-phie – Beispiele aus dem Strafvollzug, Hrsg. Horst Heuwold, Stutt-gart 1989; Herbert Kretschmer, Angst und Macht im Verkehr von Mensch zu Mensch. Sozialarbeit als Biographie-Hilfe, Dornach 1988.

6 Siehe I. Vortrag.

7 Siehe z.B.: Rudolf Steiner, Geistige Hierarchien und ihre Widerspiegelung in der physischen Welt. Tierkreis, Planeten, Kosmos, GA 110, 1991.

8 Ders., Vier Mysteriendramen, GA 14, 1981.

9 Siehe: Ders., Die Welt des Geistes und ihr Hereinragen in das physische Dasein. Das Einwirken der Toten in die Welt der Lebenden, GA 150, 1980; Die Verbindung zwischen Lebenden und Toten, GA 168, 1984; III. Vortrag, Anmerkung 9.

10 Ders., Unsere Toten. Ansprachen, Gedenkworte und Meditationssprüche 1906 – 1924, GA 261, 1984.

11 Ders., Menschenschicksale und Völkerschicksale, GA 157, 1981, Vortrag vom 2. März 1915 in Berlin.

12 Ders., Geschichtliche Notwendigkeit und Freiheit. Schicksalseinwirkungen aus der Welt der Toten, GA 179, 1977, Vorträge vom 9. (erstes und zweites Zitat) und 10. Dezember (drittes Zitat) 1917 in Dornach.

13 Ders., Mitteleuropa zwischen Ost und West, GA 174 a, 1982, Vortrag vom 14. Februar 1918 in München.

14 Siehe I. Vortrag, Anmerkung 6, GA 10, Der Hüter der Schwelle.

15 Siehe Anmerkung 8, Die Pforte der Einweihung, zweites Bild.

16 Siehe Anmerkung 14.

17 Ebenda.

18 Ebenda.

19 Siehe II. Vortrag, Anmerkung 18.

20 Siehe Anmerkung 14 und ebenda: Leben und Tod. Der große Hüter der Schwelle.

21 Siehe III. Vortrag, Anmerkung 2.

22 Siehe Anmerkung 20.

23 Ders., Anweisungen für eine esoterische Schulung, GA 245, 1979.

24 Siehe Anmerkung 1.

25 Siehe Anmerkung 14.

26 Ebenda. Die Vorbereitung.

27 Ders., Das Miterleben des Jahreslaufes in vier kosmischen Imaginationen, GA 229, 1989, Vortrag vom 7. Oktober 1923 Dornach.

GA = Rudolf Steiner Gesamtausgabe, Dornach.

MANFRED SCHMIDT-BRABANT
MICHAEL-GEDANKEN
UND DRACHENKRÄFTE

Anregungen zu einem künftigen Michael-Fest

1992, 80 Seiten
farb. Abb., geb., mit Schutzumschlag
ISBN 3 7235 0665 8

Die Menschheit bedarf einer Erneuerung der sozialen
Verhältnisse, die allein durch ein neues Michael-Fest
vermittelt werden kann.
Wie aber ist dieser gewaltige Fest-Gedanke aufzufassen?

VERLAG AM GOETHEANUM

Philosophisch-Anthroposophischer Verlag ·Rudolf Geering Verlag ·Natura-Verlag